당신의 문해력

EBS 당신의 문해력

공부의 기초체력을 키워주는 힘

기획 EBS 〈당신의 문해력〉 제작팀 | 글 김윤정

EBS BOOKS

일러두기

이 책의 사례에 등장하는 아이들의 이름은 모두 가명을 사용했습니다.

| 기획의 글 |

지금, 당신의 문해력이 중요한 이유

'문해력'에 대한 프로그램을 만든다고 했을 때 지인이 물었다.

"나, 요즘 책이 예전만큼 안 읽히는데, 그거 왜 그런 걸까? 문해력이랑 관계있는 거야?"

일부를 제외한 모든 인간은 태어날 때부터 말을 할 수 있지만, 글은 그렇지 않다. 읽고 쓰는 것은 문자가 만들어진 이후에 인간에게 벌어진 일로, 후천적으로 배우고 익혀서 갖게 된 능력이다. 뇌를 봐도 이는 드러나는데, 태생적으로 뇌에는 읽고 쓰는 기능이 없다. 때문에 읽지 않으면 읽을 수 없다. 읽지 않으면 퇴화한다. 동시에 꾸준히 계속 읽으면 그 능력이 키워진다. 많은 사람이 "예전보다 잘 안 읽히는 것 같다"라고 말한다. 단순한 느낌이면 좋겠지만 사실일 확률이 크다. '누구나 쉽게 읽고 쓸 수 있다'라고 흔히 생각하지만, 그것은 사실이 아니다. 문해력은 자신의 노력에 따라 달라진다.

2020년 초, 미국 교육계에 중요한 판결이 있었다. 디트로이트 시와 캘리포니아주의 일부 학생들이 학교에서 적절한 교육을 받지 못한 것에 대해 교육청을 상대로 소송을 제기했는데, 그 주요 이슈가 '문해력'이었다. 학교를 졸업했지만 그에 부합하는 적절한 읽기와 쓰기 능력을 갖추지 못해 졸업 후에 치명적인 피해를 입고 있다는 것이 원고 측 주장이었다. 미국에서는 1976년 이후 '교육적 의료사고(educational malpractice)'라는 학교 책임에 대한 소송이 계속 있었는데, 지난해 처음으로 법원이 학교의 책무 이행 부족을 인정했다. "반드시 학생들이 교육 과정에서 적절히 교육받아야 하는 헌법적 권리"라고 언급하며, 문해력을 생존에 필수적인 역량으로 판단한 것이다.

〈당신의 문해력〉이라는 프로그램은 현장에서 시작되었다. 배우기 쉬운 한글, 낮은 문맹률로 인해 우리나라에서는 '글을 읽고 이해하는 능력'에 대해 본격적인 논의를 한 적이 없었다. 누구나 쉽게 한글을 깨치고, 한글을 깨치면 글에 대한 이해는 당연히 따라오는 것으로 흔히 생각했다. 때문에 교육대학이나 사범대학에서도 한글을 가르치는 방법, 글을 읽고 이해하는 방법에 대해 가르치는 경우가 드물었다. 읽고 이해하는 것이 누구나 할 수 있는 능력이 아님에도 우리에게 '문해력'은 제대로 논의된 적이 없는, 존재하지 않는 문제에 가까웠다.

현장의 이야기는 달랐다. 이미 몇 년 전부터 중·고등학교에서 "단어를 몰라 수업 진행이 되지 않는다"라는 호소가 계속 있어 왔다. 교수들도 마찬가지였다. 손꼽히는 명문대의 대학원에서조차 "기초적인 주술 호응이 되지 않는 리포트들이 허다하다"라는 탄식이 이어졌다.

선생들에게는 탄식이었지만, 아이들에게는 고통이었다. 역사·과학 등 교과서 지문을 읽고 이해하지 못하는 아이가 많았다. "모르는 게 나오면 질문을 하면 되지 않느냐?"라는 물음에 한 중학교 3학년 학생은 이렇게 답했다. "모르는 단어가 너무 많아서 어떻게 질문해야 할지 모르겠어요."

중학교 3학년인 K는 전교 5등 안에 드는 수재였다. 과학고 진학을 지망하며 코딩을 배우기도 했다. 방학 때는 전국 단위 토론대회에 나가 여러 차례 상을 받기도 했다. 2019년 방송 촬영을 위해 '문해력 캠프'를 개설했을 때 K는 자원해서 신청했다. 국어가 너무 어렵고 자신이 없다는 이유에서였다. K의 국어 과목 내신이 나쁘지 않았기에 의문이 들어 시험 준비를 어떻게 하는지 살펴봤다. 마침 시험 범위 중에 비문학인 설명문 지문이 있었는데, K는 참고서를 먼저 읽고, 주요 해석과 설명을 외운 후, 그제야 교과서를 펼쳤다. 교과서는 참고서의 설명을 본인이 제대로 외웠는지를 확인하는 도구로만 사용하고 있었다. 그냥 지문만 읽으면 내용을 정확히 이해하기 어렵다고 했다. 대충 짐작만 할 뿐 제대로 알았다고 하기에는 자신이 없다고 했다. 글만 읽고는 내용을 파악하고 의미를 해석하는 게 잘 되지 않는 모양이었다.

2년 넘게 문해력에 대해 취재하면서 제작 PD로서 느낀 공포는 사실 생각보다 크다. 현재 중학생들이 10년 이내에 사회에 진출해 같이 동료로 일하게 될 텐데, 그때 과연 나는 그들과 커뮤니케이션을 잘할 수 있을까? 지금 20대나 30대, 40~50대가 문해력이 뛰어나다는 얘기가 아니다. 스마트폰과 동영상의 시대가 되면서 나조차도 활자에 대한 친숙함이 과거보다 많이 떨어졌다.

하지만 사회가 빠르게 바뀌는 것에 비해 사람들이 같이 일하는 방법 자체는 과거나 지금이나 크게 달라지지 않았다. 말과 글을 통한 커뮤니케이션 방법은 10년 후에도 큰 차이가 없을 것이다. 그에 비해 문해력은 너무나 빠른 속도로 하락하고 있음을 체감한다. 현재 10대들은 기성세대보다 변하는 속도가 더 빠르다. 줄글을 왜 읽어야 하는지에 대한 필요성을 느끼지 못하는 아이들도 꽤 된다. 문해력이 발전하거나 퇴화하는, 이른바 변화하는 능력이라는 점에서, 문제 인식과 노력 없이는 빠르게 퇴보하는 것이 당연한 수순이다.

문해력은 그 부족함이 하루아침에 나타나지도 않지만, 하루아침에 좋아지지도 않는다. 하지만 지속적으로 노력하면 반드시 좋아진다. 해결책이 그리 어렵진 않다. 꾸준히 시간을 들여 읽는 것이다. 문제를 인지하고, 개선에 대한 의지를 가지고, 계속 노력하는 것.

이 책은 문해력의 본질적 속성에 대해 소개한다. 문해력에 대해 아쉬움이나 답답함을 느끼는 사람이라면, 이 책을 통해 정확하게 문제를 인식하고 그 중요성을 인지하는 것이 개선의 시작이 될 수 있다. 유아부터 초등, 10대까지 문제 유형별로, 나이대별로 구체적인 실천 방법도 적었다. 성인들은 어휘나 책맹에 대한 내용을 참고하면 된다.

문해력의 가장 큰 특징은 누구든 그 능력을 가질 수 있다는 것이다. 좋은 성적과 높은 연봉을 가질 가능성 또한 문해력에 비례해 커진다. 이 능력을 사교육으로 빠르게 키울 수 있는 방법은 없다. 꾸준히 노력하면 문해력은 당신의 품으로 반드시 들어온다. 당신의 문해력은 지금도 바뀌고, 성장하고 있다. 당신의 문해력은 바로 당신의 지금에 달려 있다.

지금 당신이 스스로에게 줄 수 있는 가장 분명한 자산, 부모라면 사랑하는 자녀에게 줄 수 있는 가장 큰 선물, 바로 문해력이다.

PD 김지원

| 작가의 글 |

아이의 문해력 발달을
도우려는 부모님들에게

저는 아이가 어렸을 때 한글을 빨리 떼기를 바란 적이 없었던 것 같습니다. 그래서 한글 학습지나 교재를 활용한 교육을 한 번도 시도해본 적이 없었지요. 그저 책을 읽어주면 옆에 바짝 붙어 제가 들려주는 이야기에 몰입하고 끊임없이 엉뚱한 질문을 쏟아내는 아이의 모습이 참 사랑스러웠습니다. 가끔 책을 읽다가 어디선가 보고 배운 글자를 발견하면 좋아서 방방 뛰었는데, 그때의 모습이 십수 년이 지난 지금도 잊히지 않습니다.

아이의 한글 떼는 시기를 앞당기기 위해 조급해하지 않았던 것은 저부터가 한글을 늦게 뗐기 때문입니다. 저보다 한 살 많은 사촌오빠는 네 살 때 한글을 떼고 다섯 살 때 영어책을 읽고 여섯 살 때 천자문을 다 뗐다고 하던데, 저는 초등학교에 입학할 때까지도 제 이름 석 자를 쓰지 못했어요. 읽는 것은 그보다 좀 나았는데, 그것도 단어 몇 개를 읽을 정도였지 문장을 줄줄 읽는 수준은 아니었지요. 그런데도 학창 시절 내내 가장 자신 있었던 과목은 국어였고, 가장 높은 점수를 받았던 과목도 국어였습니다. 또한 지금도 국어 실력으로 직무 수행 능력을 발휘하는 일을 하며 살아가고 있고요.

저는 제 경험을 통해 한글을 빨리 떼는 것이 국어 실력 또는 언어 능력을 보여주는 척도가 아니라는 사실을 깨닫게 되었습니다. 그래서 제 아이에게도 한글 빨리 떼기보다 책을 많이 읽어주면서 다양한 어휘를 접하게 하고 책에 대해 긍정적인 인식을 심어주기 위해 노력했지요.

저는 아이들의 문해력을 확인할 수 있는 기회가 많은 편입니다. 제 직업이 어린이책을 기획하고 편집하는 일이기 때문이지요. 아이들의 읽기 능력에 대해 늘 관심을 기울이고 있고, 현재는 자녀교육서를 기획하고 집필하는 일까지 하면서 아이들에게 필요한 교육에 대해 공부를 많이 하고 있습니다.

무엇보다 아이들의 문해력을 가장 가까이에서 확인할 수 있는 시간은 아이들에게 직접 독서지도를 해줄 때예요. 저는 아이들이 책을 잘 읽고 자신의 생각을 잘 이야기하고 그 생각들을 글로 잘 정리할 수 있도록 도와주고 있어요. 사실 대부분의 아이들이 책 읽는 것을 좋아하지 않을 뿐만 아니라 독서의 질도 좋지 않은 편입니다. 그럴수록 쉽고 재미있는 책을 통해 독서의 즐거움을 찾을 수 있는 기회를 만들어줘야 하는데, 안타깝게도 부모님들은 글밥이 많은 책을 수준 높은 책으로 여기거나 추천도서와 권장도서를 꼭 읽혀야 한다는 사명감에 젖어 있죠. 그래서 아이들은 점점 더 책으로부터 멀어지고 있고 그만큼 문해력도 낮아지고 있습니다.

하지만 다행스럽게도 문해력은 훈련을 통해 얼마든지 향상시킬 수 있는 능력입니다. 저는 수많은 아이들을 교육하면서 그 사실을 충분히 확인했어요. 물론 결정적 시기에 훈련이 진행되어야 더 효율적으로 문해력을 키워줄 수 있겠지만, 그 시기를 넘겼다 해도 꾸준히 노력한다면 성장과 발전이 보장되는 능력이에요.

EBS 〈당신의 문해력〉이 방송됐을 때 저는 이 좋은 프로그램을 많은 부모님이 시청하기를 간절히 바랐습니다. 문해력의 중요성부터 문해력을 키우는 방법까지 일목요연하게 정리해줘서 그야말로 문해력 교육의 완결판이라는 생각이 들었거든요. 읽기 훈련을 통해서 변화한 아이들의 모습은 경이로울 정도였습니다. 그래서 여러 번 다시보기를 하면서 열렬하게 시청했지요. 그리고 그 내용들을 이 책에 옮겼습니다. 프로그램 내용을 충실히 옮기되 이해를 돕기 위한 설명도 보완했고요. 아이들과 부모님들이 직접 응용해볼 수 있는 구체적인 팁들이 더 잘 전달되었으면 좋겠다는 마음을 담았습니다.

이 책을 통해 부모님들이 문해력의 중요성을 깨닫고 아이들의 문해력 발달에 도움이 될 수 있는 적절한 가이드라인을 만들면 좋겠습니다. 문해력은 가장 기본적인 학습 도구이자 다른 능력들을 작동시키는 핵심역량이기 때문입니다.

김윤정

| 목차 |

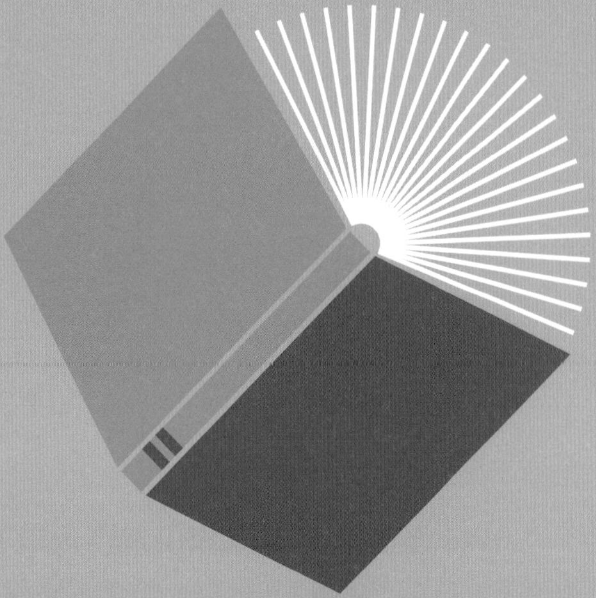

| 제1장 |

지금 왜 문해력에 주목해야 하는가

문해력을 제때에 키우지 못한 채 성장하면 학습 부진을 겪게 되고 대학 진학에도 걸림돌이 된다. 성인이 되어 사회에 나가서도 경쟁에서 뒤처져 낙오자가 될 수 있다. 문해력은 우리 삶의 전반에서 가장 기본이 되면서 핵심이 되는 능력이다. 앞으로의 사회에서 문해력이 높은 사람들은 더 높은 가치를 인정받게 될 것이며, 많은 부와 권력이 그들에게 집중될 것이다.

문해력은 미래 경쟁력이자 권력이다

단순히 글을 읽는 것이 문해력은 아니다

2020년 8월 17일이 임시공휴일로 확정되면서 '사흘'이라는 단어가 포털 사이트 실시간 검색어 1위에 오른 일이 있다. 8월 15일 광복절이 공휴일인데 토요일과 겹쳐서 8월 17일 월요일까지 3일간의 휴일이 결정되었고, 각 언론에서는 이를 '사흘 연휴'라는 제목으로 보도했다. 그러자 온라인 커뮤니티에 "3일인데 왜 사흘이라고 쓰나"라는 댓글이 올라왔다. 3일을 의미하는 순우리말인 '사흘'을 잘 몰라 4일로 잘못 이해한 사람이 많았던 것이다.

코로나19 방역 지침으로 '5인 이상 집합금지' 행정명령이 내려졌을 때도 논란이 있었다. 어떤 사람은 4인까지는 모여도 되고 5인부터 안 된다는 뜻으로 해석했고, 다른 사람은 5인까지는 되고 6인부터 안 된다는 뜻으로 해석했기 때문이다. 어떤 수량을 기준으로 제시할 경우 그 수량을 범위에 포함할 때는 '이상'으로, 그 수량보다 큰 범위를 가리킬 때는 '초과'라고 표현한다는 것을 제대로 아는 사람이 많지 않았다는 의미이다.

이 두 가지 사례는 모두 대한민국의 '문해력' 수준이 꽤 심각한 상황임을 보여주었다. 2008년 국립국어원이 실시한 '국어능력' 조사에 따르면, 우리나라 성인의 문맹률은 1.7퍼센트에 불과하다. 이후 문맹률에 대한 공식적인 조사가 이루어진 바는 없지만, 수치는 더 낮아졌을 것으로 예상된다. 주변을 돌아봐도 한글을 읽지 못하거나 쓰지 못하는 사람은 찾아보기 어렵다. 사흘의 '사'를 숫자 '4'로 이해한 사람들도 한글을 읽고 쓰는 데 별문제가 없는 사람들일 것이다.

문맹률이 이렇게 낮은데도 문해력 수준이 문제가 되는 이유는 뭘까. '문맹'이 아닌 것이 곧 '문해'임을 의미하지는 않기 때문이다. 문맹은 '기초적인 읽기 및 쓰기 능력이 없음'을 나타내는 것이지만, 문해력은 기초적인 읽기 및 쓰기를 넘어서서 '글을 읽고 의미를 이해하는 능력'까지 포함하는 개념이다. 즉 글을 읽고 의미를 이해하여 사람들과 소통하고 문제를 해결하는

데까지 활용할 수 있어야 실질적인 문해력을 갖췄다고 할 수 있다. 국립국어원에서도 문해력을 "현대 사회에서 일상생활을 해 나가는 데 필요한 글을 읽고 이해하는 최소한의 능력"으로 규정한다.

문해력 저하가 우리 삶에 미치는 영향

인간에게 문해력은 사회적·경제적 활동은 물론이고 일상적인 삶을 영위하는 데 필수불가결한 역량이다. 우리는 일상생활에서 각종 공지문, 설명서, 계약서, 공문서 등을 자주 접한다. 이 문서 내용을 이해하지 못하고 적절한 대응을 하지 못하면 커다란 낭패를 보기도 한다.

EBS 특별기획 프로그램 〈당신의 문해력〉 제작팀에서 성인 남녀 883명을 대상으로 실시한 '성인 문해력 테스트' 결과를 보면, 우리나라의 성인들 가운데 상당수가 문해력 부족으로 어려움을 겪고 있음을 짐작할 수 있다. '성인 문해력 테스트'는 복약 설명서, 주택임대차 계약서 등 실생활에서 꼭 필요한 글들을 얼마나 이해하고 있는지 가늠할 수 있는 문제들로 구성되었다('성인 문해력 테스트'와 관련된 더 자세한 내용은 이 책의 56쪽을 참조하면 된다). 총 11문제를 15분간 풀게 했는데, 테스트 참여자 883명의 평균 정답률은 55퍼센트 정도에 불과했다. 테스트 참여자들에게 "본인의 문해력(글을 읽고 쓰는 능력)은 어느 정도라고 생각하십니까?"라는 질문을 던졌는데, 절반에 해당하는 사람들이 '보통이다'라고 응답했다.

우리는 온갖 정보와 데이터가 해일처럼 밀려드는 시대에 살고 있다. 이 정보와 데이터를 읽고 해석해서 활용할 수 있는 사람과 그렇지 못한 사람의 격차는 더욱 커지고 있다. 금융 정보를 이해하고 활용하는 금융 문해력, 진짜 뉴스와 가짜 뉴스를 구별하는 미디어 문해력, 의학 정보와 처방전을 이해하는 건강 정보 문해력 등 우리 삶에서 필요한 문해력은 더욱 다양해지고 있다.

문제는 이렇게 지속적으로 더 높은 수준의 문해력을 요구하는 사회에 살면서 우리의 문해력은 그 수준을 따라가지 못하고 있다는 데에 있다. 2020년 3월 코로나19 집단감염 사태로 '마스크 대란'이 일어났을 때이다. 정부는 발 빠르게 '공적 마스크 제도'를 도입하고 '마스크 5부제'를 시행했다. 하지만 정부가 발표한 '마스크 5부제' 시행에 관한 안내문 내용을 잘 이해하지 못한 사람들은 무작정 약국으로 달려가기 바빴다. 당시 한 일간지의 기사 제목은 "마스크 5부제 설명만 100번, 조제도 못해… 진 빠지는 약국"이었다. 안내문이 있는데도 자신이 언제 마스크를 구입할 수 있는지 묻는 사람들이 몰려드는 바람에 약사들이 곤혹스러워했다는 것이다. 보다 못한 부산의 한 약사는 마스크 5부제 내용을 다섯 개의 손가락으로 설명하는 그림을 그려 문에 붙였는데, 이것이 네티즌들 사이에서 기발한 아이디어라며 화제가 되기도 했다.

전 세계적인 감염병 유행으로 불안과 두려움이 커진 비상 상황이었음을 참작하더라도, 문해력 저하가 우리 삶에 얼마나 심각한 상황을 초래할 수 있는지 여실히 보여준 사례라고 할 수 있겠다.

문해력은 공부 자신감을 키워주는 학습 도구이다

문해력은 새로운 정보와 지식을 받아들이는 도구로서 학습 능력을 좌우하는 가장 기초적이면서 중요한 역량이기도 하다. 문해력은 국어 과목뿐 아니라 모든 과목에 필요한 기초 이해 능력이다. 문해력이 있어야 수리력도 발휘할 수 있고 외국어 습득도 가능하다. 체육이나 음악과 같은 예체능 과목에서도 지도 선생님의 설명을 이해하고 스스로 적용할 수 있는 최소한의 문해력이 필요하다.

무엇보다 문해력이 뒷받침되어야 교과서에 등장하는 '학습 도구어(academic vocabulary)'의 의미를 이해할 수 있다. 학습도구어는 교과 내용을 이해하는 데 꼭 필요한 어휘로 일상에서 사용되는 어휘와는 구별된다. 학습도구어의 의미를 명확하게 알지 못하면 학교 공부에 어려움을 겪을 수 있다. 수업 시간에 선생님의 설명을 제대로 알아듣기 어려우니 수업 진도를 따라가지 못하는 것은 물론이고 학교 수업 자체에 흥미를 잃을 수도 있다(학습도구어에 대해서는 제4장에서 좀 더 자세히 설명하겠다).

만 8세 이전의 초기 아동기 문해력은 특히 중요하다. 초기 문해력을 제대로 성취하지 못한 아이는 학교 공부에 적응하기 어려울 수 있다. 초등학교 공부는 문해력이 전부라 해도 과언이 아니다. 실제로 초등학교 저학년생들을 살펴보면, 기초 문해력을 갖춘 아이들은 의미를 제대로 파악하며 유창하게 교과서를 읽는 반면에 그렇지 못한 아이들은 짧은 문장 한 줄도 어려워하며 겨우겨우 읽는다.

초기 문해력을 갖추지 못한 학령기 아이들은 공부의 기초체력이 허약하기 때문에 쉽게 공부에 대한 자신감을 잃어버리기도 한다. 초기 문해력은 '초등학교 2학년' 이전에는 완성되어야 한다. 이때까지 한글 해독을 어려워하는 아이들은 학년이 올라갈수록 기초 학력 부족이 누적되면서 학습 격차가 더욱 벌어지는 문제에 부딪히기 때문이다.

중·고등학교 아이들도 마찬가지이다. 또래 학년의 평균 수준에 해당하는 문해력을 갖추지 못하면 국어·역사 등 대부분 과목에서 어려움을 겪는다. 더 큰 문제는 이러한 어려움이 일시적인 상황이 아니라 악순환으로 이어질 수 있다는 점에 있다. 교과 내용이나 선생님 설명을 이해하지 못하니 수업에 대한 흥미를 잃게 되고, 그러다 보면 진도를 따라가지 못해 공부 자신감마저 떨어진다. 자신감이 부족해지면 학습 동기를 잃어버리고 다시 공부를 해보려는 시도도 하지 않게 된다.

대부분의 학부모들은 아이들 성적이 떨어지면 학원부터 보내려고 한다. 하지만 이는 학습 격차의 주요 원인이 문해력 격차에 있다는 사실을 간과한 것이다. 학원에 보내기 전에 먼저 해야 할 일은 아이의 문해력 수준을 파악한 뒤 평균 수준으로 끌어올릴 수 있도록 도와주는 것이다. 어떤 운동이든 기량을 갖추려면 먼저 단련해야 할 근육이 있는 것처럼 공부를 잘하려면 문해력이라는 근력부터 키워야 한다.

코로나19 팬데믹 이후 교육 현장에서 문해력의 중요성이 더 크게 대두되고 있다. 문해력이 부족한 아이들이 온라인 수업에서도 큰 어려움을 느끼고 있기 때문이다. 컴퓨터 화면으로 학습 자료들을 보면서 선생님의 설명을 듣고 진도를 따라가야 하는데, 글을 읽으면서 동시에 내용을 이해할 수 있는 능력이 갖춰지지 않은 아이들에게는 쉽지 않은 일이다. 또 문해력이 부족한 아이들은 집중력도 높지 않은 경우가 많은데 온라인 수업 환경에서는 집중하는 것이 더욱 어렵다. 공부에 집중할 수 있도록 해주는 조력자가 없으면 대충 시간이나 때우자는 태도로 수업 시간을 보내 학습 결손이 크게 발생하기도 한다.

문해력 부족으로 어려움을 겪는 젊은 직장인들

문해력은 학생들뿐만 아니라 회사에서 주어진 업무를 해내야 하는 직장인들에게도 매우 중요한 능력이다. 업무에서 요구되는 문제해결, 의사결정, 창의성, 리더십, 협상 등과 같은 핵심 역량의 기본 토대가 바로 문해력이기 때문이다. 대부분의 업무와 비즈니스는 여러 가지 형태의 커뮤니케이션을 기반으로 이루어지는데, 이 커뮤니케이션 능력을 좌우하는 것도 문해력이다. 또 빅데이터, 인공지능, 사물인터넷과 같은 4차 산업혁명 시대의 새로운 기술을 습득하고 활용하는 데에도 꼭 필요한 기초 역량이다.

2017년 미국의 기업인 조시 버노프(Josh Bernoff)는 직원들의 문해력 저하가 회사에 미치는 경제적 손실을 계산해 화제가 되기도 했다. 그의 설명에 따르면, 미국 기업들은 직원들의 잘못된 글쓰기로 인해 매년 4,000억 달러에 가까운 손해를 보고 있다. 더 구체적으로 살펴보면, 미국 기업들은 잘못 작성된 자료에서 의미를 얻기 위해 낭비되는 시간에 총임금의 6퍼센트를 지출하고 있으며, 매년 직원들의 글쓰기 교육을 위해 31억 달러를 지출하고 있다.

이런 문제로 어려움을 겪는 건 우리나라도 예외가 아니다. 석사 과정을 마치고 IT 계열 회사에 재직하다가 공기업으로 이직한 문수철 씨는 그야말로 남들이 동경할 만한 화려한 스펙을 가진 직장인이다. 그런데 최근 정보관리기술사 자격증을 준비하면서 큰 난관에 부딪혔다. 기출문제집을 푸는데 문제가 잘 이해되지 않았기 때문이다. 정보관리기술 관련 업무 역량은 뛰어난데도 그에 관한 지식 수준을 평가하는 시험 문제는 잘 이해하지 못하는 이유가 무엇일까. 바로 문해력 부족 때문이었다. 대부분 긴 글로 이루어진 문제의 의미와 맥락을 파악할 수 없었던 것이다. 일상생활에서도 한국어 자막을 읽는 게 싫어서 주로 한국 영화만 본다는 문수철 씨는 '성인 문해력 테스트'에서도 낮은 점수를 받았다.

특히 디지털 환경에 익숙한 20대와 30대의 젊은 직장인들 중에 문해력 부족으로 어려움을 호소하는 이가 매우 많다. 2020년 9월, 한 구인구직 플랫폼에서 191개 기업을 대상으로 한 조사 결과를 보면, 기업 열 곳 중 여섯 곳에서 "2030 젊은 직원들의 국어 능력이 이전 세대보다 떨어진다"라고 응답했다. 이전 세대에 비해 부족한 국어 능력으로는 절반 이상이 어휘력을 꼽았다. 수신, 발신, 참조와 같은 대부분 사내 문서에 등장하는 기본 어휘들의 의미조차 알지 못하는 수준이라고 했다. 업무와 관련된

젊은 세대 직장인의 문해력 현주소

20~30대 젊은 직원들의 국어 능력을 묻는 질문에 기업 10곳 중 6곳에서 '부족하다'라는 응답을 내놓았다. 그중에서도 보고서 및 기획안 등 문서 작성 능력이 가장 부족한 것으로 나타난 반면, 회의 및 토론 능력이나 프레젠테이션 능력은 상대적으로 괜찮은 것으로 나타났다. 말보다는 글로 소통하는 데에 좀 더 어려움을 겪고 있는 것으로 해석할 수 있겠다.

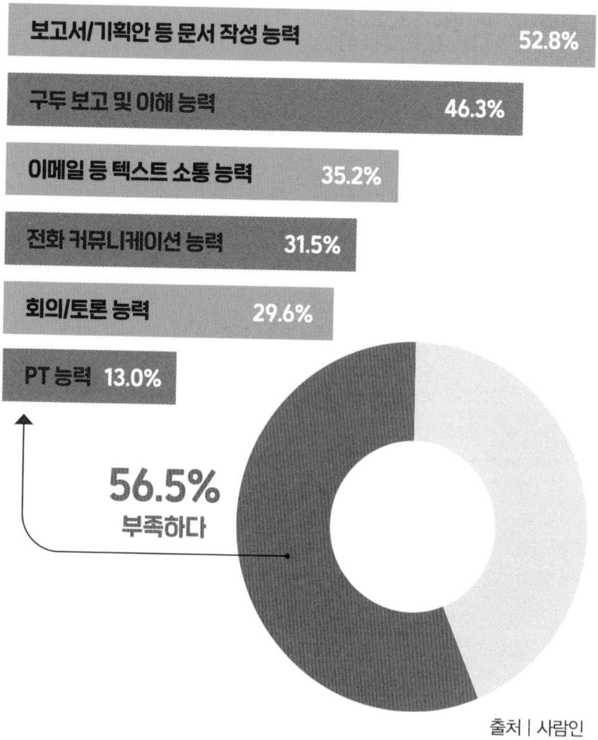

출처 | 사람인

국어 능력 중 가장 부족한 것으로는 보고서, 기획안 같은 문서 작성 능력을 꼽았다.

젊은 세대가 이전 세대에 비해 문해력 수준이 낮은 이유는 여러 가지가 있겠지만, 많은 전문가들은 젊은 세대가 영상 미디어에 익숙하고 SNS나 메신저를 통해 짧은 문장 위주로 소통을 하는 데서 원인을 찾는다. 직원들의 문해력 부족으로 업무 손실이 커지자 기업에서는 대학의 국어교육과에 직원들의 교육을 의뢰하고 있는 실정이다.

문해력은 미래 인재의 핵심 경쟁력이다

문해력을 제때에 키우지 못하고 성장하면 학습 부진을 겪게 되고 대학 진학에도 걸림돌이 된다. 더 나아가 성인이 되어 사회에 나가서도 업무 처리, 기술 습득 등의 경쟁에서 뒤처져 낙오자가 될 수 있다. 이처럼 문해력은 우리 삶의 전반에서 가장 기본이 되면서 핵심이 되는 자산이자 능력이다.

심지어 문해력은 건강이나 경제적 소득과 같은 삶의 질을 높여주는 것들에도 영향을 미친다는 점에서 하나의 '권력'으로 작용할 수 있다. 이러한 사실을 구체적으로 뒷받침하는 조사 결과도 있다. 2018년 2월에 발표된 보고서에서 영국문해력재단

(National Literacy Trust)의 연구진은 글을 읽고 쓰는 문해력 수준이 낮은 지역의 사람들이 대개 소득이 더 낮고 건강에 더 많은 문제를 안고 있다는 점을 밝혀냈는데, 문해력이 낮은 지역에 사는 소년과 그렇지 않은 지역에 사는 소년의 기대수명은 각각 64세와 90.1세로 26년의 차이가 났다. 연구진은 문해력 수준을 높이는 것이 삶의 질을 개선하고 불평등을 해소하는 방법이라고 강조했다.

문해력이 높은 사람은 취업을 더 잘할 뿐만 아니라 더 높은 임금을 받을 가능성도 크다. 실제로 OECD(경제협력개발기구)는 〈2013년 국제성인역량평가(PIAAC) 결과 보고서〉를 통해 상위 11.8퍼센트에 해당하는 높은 수준의 문해력을 갖춘 사람은 최하위 3.3퍼센트의 낮은 문해력을 가진 사람보다 평균 시급이 60퍼센트 이상 높으며, 취업률도 두 배 이상 높다는 점을 밝힌 바 있다.

한양대학교 국어교육과 조병영 교수도 문해력의 중요성에 대해 이렇게 강조했다. "세상의 많은 일들이 글이라는 것을 통해서 표현되고 설명되고 소통도 이루어진다. 글을 정확하게 읽고, 비판적·분석적·창의적으로 읽기 위해서는 문해력이 확실하게 갖춰져야 한다. 동시에 미래 사회는 창의적이고 혁신적인 것들을 요구할 텐데, 문해력을 갖춘 여러 개인이 협력하여 좋은 결과물을 만들어낼 수 있을 때 그것이 최상의 미래 사회로 나아가는 방법이 된다."

우리는 자신이 원하는 미래를 상상할 수 있어야 한다. 더 구체적으로 상상할수록 더 많은 기회를 창출할 수 있다. 문해력은 미래를 위한 상상력을 키워나가는 데에도 기반이 된다. 미래를 상상하고 준비하기 위해서는 주어진 정보와 지식을 해석하고 그 안에서 통찰을 이끌어낼 수 있어야 하기 때문이다.

창의적 사고를 요구하는 미래 사회에서는 문해력이 더 중요한 역량이자 경쟁력이 될 수밖에 없다. 문해력이 높은 사람들은 더 높은 가치를 인정받고 많은 부를 얻게 될 것이다. 문해력이 핵심 경쟁력이자 권력이 되는 것이다.

문해력이 아이의 미래를 바꾼다

영상 시대에도 문자 해독력이 필요한 이유

2020년 12월 디지털 미디어렙 나스미디어가 발표한 〈2021 인터넷 이용자 조사〉 보고서에 따르면, 우리나라 10대의 '일 평균 온라인 동영상 시청시간'은 2019년 151.5분에서 2020년 189.1분으로 늘어났다. 10대의 동영상 시청시간은 타 연령대 대비 압도적으로 높았다. 동영상 플랫폼이 계속 늘고 있는 가운데 가장 많이 이용하는 동영상 플랫폼은 단연 유튜브이다. 10대의 99.6퍼센트가 "최근 일주일 동안 유튜브를 시청한 적이 있는가"라는 질문에 "그렇다"라고 답했다.

유튜브는 이제 도서관이자 놀이터가 되었다. 요즘 아이들은 궁금한 게 있으면 책을 읽거나 포털 사이트에서 자료를 검색하는 대신 유튜브에서 관련 영상들을 찾아본다. 쉬는 시간에도 친구들과 어울려 놀기보다는 재미있는 영상을 찾아보며 시간을 보낸다. 직접 영상을 촬영하고 편집해서 유튜브에 올리는 10대 아이들도 늘어나고 있다. 아이들에게 영상은 중요한 지식 습득의 도구이자 의사소통의 수단이 되고 있다.

아이들이 영상 콘텐츠를 좋아하는 이유는 무엇일까. 무엇보다 문자 콘텐츠에 비해 훨씬 화려하고 역동적이어서 지루할 틈을 주지 않는다. 유튜브 채널에는 1분에 500여 시간 분량의 다양한 영상 콘텐츠가 업로드되고 있다. 어렵고 복잡한 내용을 핵심만 간추려 쉽게 설명해주는 5분 내외의 짧은 영상도 많아서 필요한 정보를 손쉽게 찾으려는 아이들에게 인기가 높다. 웬만한 콘텐츠는 모두 모여 있으니 이만한 보물창고가 따로 없을 지경이다.

영상 콘텐츠 자체는 나쁜 게 아니다. 문제는 이로 인해 아이들이 문자 콘텐츠와 점점 더 멀어지고 있다는 점이다. 영상 콘텐츠의 편의성과 즐거움에 익숙해지는 만큼 문자와 멀어진 아이들의 뇌는 어느새 줄글이나 교과서를 읽지 못하는 뇌로 변해간다. 글을 읽지 못하니 당연히 해독도 할 수 없다. 동영상 위주의 콘텐츠를 자주 접하면서 문해력이 점점 떨어지는 뇌가 되어가는 것이다.

뇌의 영역에서 읽기 및 해독 능력과 밀접한 관련이 있는 부위는 대뇌피질 중 전두엽의 앞부분인 '전전두엽'이다. EBS 〈당신의 문해력〉 제작팀에서 '전전두엽 활성화' 실험을 진행한 결과에서도 글을 읽고 해석할 때 뇌의 영역 가운데 전전두엽이 특히 활성화되는 것을 확인할 수 있었다.

전전두엽은 추론하고 결정하고 계획하고 집행하고 통제하는 능력을 담당한다. 감정을 조절하는 역할도 한다. 아이가 집중하지 못하고 산만하다면 전전두엽이 제대로 발달하지 않았을 수 있다. 단기기억과 장기기억을 저장했다가 필요한 순간이 되면 적절하게 판단하여 그 기억을 꺼내 활용할 수 있도록 해주는 것도 전전두엽이 하는 일이다. 따라서 전전두엽에 문제가 생기면 인지 능력도 떨어진다.

이렇게 중요한 역할을 담당하는 전전두엽은 글을 읽을 때 매우 활성화된다. 글 내용을 이해하고 추론하는 과정도 전전두엽이 관여한다. 글 내용이 이해되지 않아 읽는 속도를 늦추거나 더 자세히 읽거나, 앞으로 되돌아가 읽은 내용을 다시 한번 반복해서 읽는 과정을 조절하고 집행하는 역할도 전전두엽이 한다. 전전두엽이 활성화되면 자연스럽게 한 차원 높은 시각에서 관찰하고 발견하고 통제하는 활동인 '상위인지(metacognition)' 능력도 발달하게 된다.

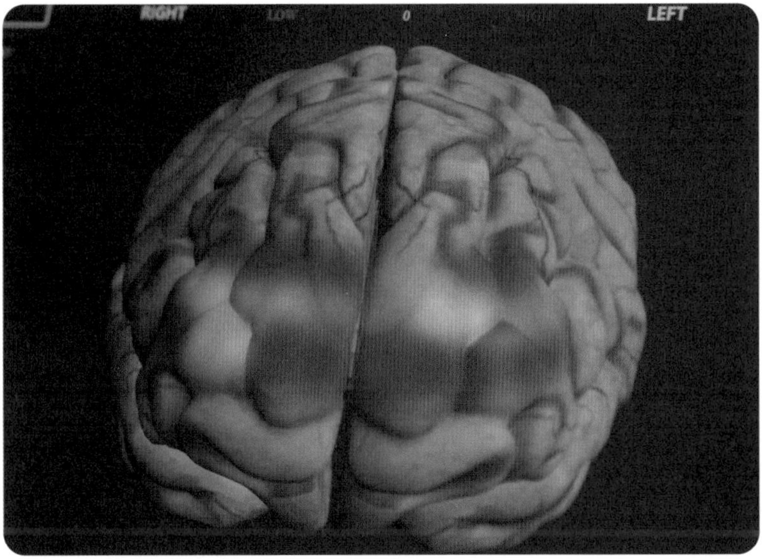

글을 읽고 해석할 때
활성화되는 전전두엽

전전두엽은 인간의 인지 능력과 관련해 매우 중요한 역할을 하는 뇌 영역이다.
추론하고 결정하고 계획하고 집행하고 통제하는 능력을 담당한다.
우리가 글을 읽을 때 바로 이 부위가 크게 활성화한다.
위 그림에서 붉은색으로 표시된 부분이 전전두엽의 활성화 정도를 보여준다.

이처럼 글을 읽어야 전전두엽이 자극되면서 활성화되고, 전전두엽이 활성화되어야 문자 해독력이 높아지는 뇌가 된다. 특히 전전두엽이 한창 발달하는 10대에 책과 멀어지면 성인이 되어서도 글을 읽고 이해하는 데 어려움을 느끼게 된다. 글을 제대로 해독하지 못하는 성인이 겪을 수 있는 심각한 문제 상황에 대해서는 이미 앞에서 설명한 바 있다.

영상 시대에도 문자를 해독하는 능력은 여전히 필요하다. 영상이 갖는 장점이 있기는 하지만 복잡하고 정교한 인간의 사고와 감정을 정확하게 표현해낼 수 있는 가장 좋은 수단은 여전히 문자이다. 문자가 지닌 이러한 특성은 영상이 대체할 수 없는 부분이다. 영상 시대에도 아이들이 글을 읽고 문해력을 키워야 하는 이유는 바로 여기에 있다.

문해력이 수능 경쟁력을 높여준다

문해력은 국어 과목을 비롯해 모든 과목에서 꼭 필요한 기초적인 학습 능력이자, 더 나아가서는 수능(대학수학능력시험) 성적을 좌우하는 중요한 열쇠가 되기도 한다. 2020년 수능 국어에서 가장 많이 틀린 10개의 문제 중 8개 문제가 독서 영역 문제였다. 독서 영역 문제에서는 인문·사회·과학·시사 등 다양한 분야의

지문이 제시되는데 그 수준이 상당히 높은 편이다. 지문의 양도 상당해서 찾아내고 해석해야 할 정보의 양도 많다. 평소 긴 글을 읽는 훈련이 안 되어 있으면 지문을 읽고 필요한 정보를 찾아내는 것부터가 난관이다. 높은 난이도로 인해 변별력이 높은 독서 영역은 특히 수능 국어 고득점자들 사이에서 가장 치열한 점수 경쟁이 벌어지는 과목이다.

다른 수능 과목에서도 문해력은 고득점의 열쇠가 된다. 수능 영어 독해 문제를 살펴보면 단순히 영어 문장을 읽을 수 있다고 해서 풀 수 있는 게 아니다. 문장을 읽고 이해하고 추론해서 판단할 수 있는 문해력이 뒷받침되어야 한다.

2004년 한국직업능력개발원(이하 '직능원')이 우리나라 중학교 3학년 학생 2,000명을 대상으로 실시한 조사에서도 문해력과 수능 점수의 상관관계가 여실히 드러났다. 직능원은 중학교 때 책을 많이 읽은 학생들과 그렇지 않은 학생들이 수능에서 각각 어떤 점수를 얻는지 2004년부터 3년에 걸쳐 추적조사를 했다. 조사 결과, 3년간 문학서적을 꾸준히 읽은 학생들은 같은 기간에 문학서적을 한 권도 읽지 않은 학생들보다 2008학년도 대입 수능의 언어(국어)·수리·외국어(영어) 영역 모두에서 더 높은 점수를 받았다.

직능원에서는 꾸준한 독서 습관이 '괜찮은 일자리'를 얻을 수 있는 비율도 조사했다('괜찮은 일자리'는 300인 이상 대기업과 공기업, 외국계 기업의 정규직을 말한다). 2004년 고등학교 3학년 학생들을 대상으로 교양서적을 몇 권씩 읽는지 조사한 뒤 이들의 취업이 주로 이뤄지는 시기인 2014년에 어떤 직장을 얻고 임금 수준은 어느 정도인지를 확인했다. 조사 결과, 고등학교 재학 시 교양서적을 꾸준히 읽은 학생들은 한 권도 읽지 않은 학생들에 비해 취업률이 20퍼센트가량 높았으며, 직장에 들어간 뒤에도 연봉을 200만 원가량 더 많이 받는 것으로 나타났다. 이러한 추적조사를 통해 우리가 알 수 있는 것은 "독서를 통해 문해력 수준을 높일 경우 수능에서 좋은 점수를 받아 좋은 대학에 진학할 가능성이 커지고, 그에 따라 좋은 직장에 들어가 경쟁력 있는 인재로 성장할 가능성 역시 커진다"라는 것이다.

독서는 문해력을 향상시킬 수 있는 가장 좋은 훈련 방법이다. 독서를 많이 한 학생들이 수능에서 좋은 점수를 받았다는 것은 그만큼 문해력이 수능 성적을 좌우하는 중요한 열쇠라는 의미이기도 하다. 독서가 수능 점수에 어떻게 영향을 미치는지는 수능 만점자 30명의 인터뷰가 담긴《1등은 당신처럼 공부하지 않았다》라는 책을 통해서도 확인할 수 있다. 이 책에 등장하는 수능 만점자 30명 중 90퍼센트에 해당하는 학생들이 어렸을 때부터 꾸준히 해온 습관으로 '독서'를 꼽았다. 독서를 통해 다양한 지식을 습득하고 독해력과 사고력을 키웠다면서 "독서를 하면 글 읽는 속도가 빨라져서 교과서나 참고서의 내용을 빨리 읽고 이해할 수 있었다"라고 수능 만점의 비결을 공개했다.

해마다 치러지는 수능은 학생과 학부모들뿐만 아니라 온 국민의 관심사이다. 우리나라 부모들은 아이가 태어나는 순간부터 더 나은 교육 기회를 제공하기 위해 치열한 경쟁을 벌이며 안간힘을 쓴다. 이러한 교육열이 가장 뜨겁게 드러나는 곳이 바로 수능 시험장이다. 결국 수능을 위해 수많은 아이가 초등학교 입학 전부터 조기교육을 시작해 초·중·고등학교 12년 내내 여러 학원을 전전하는 셈이다. 그런데 그 결과는 만족스러울까. 수능 시험을 잘 보려면 강남의 족집게 학원 또는 1타 강사를 찾아다닐 게 아니라 문해력부터 키워야 한다. 문해력 향상이 가장 효과적인 학습 방법이기 때문이다.

10대들의 문해력 위기, 원인은 무엇일까

문해력은 학업성취도에 결정적인 영향을 미치는 것은 물론 대학 진학과 취업으로 이어지는 인생의 주요 변곡점마다 중요한 경쟁력으로 작용한다. 그런데 최근 몇 년간 우리나라 중·고등학생들의 문해력이 저하되고 있다는 적신호가 곳곳에서 나타나고 있다. 청소년기의 문해력 저하는 성인이 된 이후에도 회복이 어렵기 때문에 쉽게 간과할 문제가 아니다.

EBS 〈당신의 문해력〉 제작팀은 (주)낱말과 함께 전국의 중학교 3학년 학생 2,405명을 대상으로 '문해력 진단평가'를 실시했다. 다양한 주제(영역)의 글을 주고 어휘력, 추론적 사고력, 비판적 사고력, 사실적 사고력을 측정하는 시험이었다. 진단평가 결과는 우리나라 문해력 교육을 심각하게 우려할 만한 수준이었다. 또래인 중학교 3학년 수준에 '미달'하는 아이들의 비율이 27퍼센트에 달했으며, '적정' 수준이라고 할 수 있는 비율은 35퍼센트밖에 되지 않았다. 더 심각한 문제는 초등학교 수준에 해당하는 아이들의 비율도 11퍼센트나 된다는 점이었다.

우리나라 10대 학생들의 문해력이 저하되고 있다는 사실을 보여주는 또 다른 지표가 있다. OECD에서 실시하는 PISA(국제학업성취도평가)는 세계 각국 만 15세 학생들의 읽기·수학·과학 세 가지 영역에서 학업성취 수준을 평가한다. 2018년 PISA의 '읽기' 영역 평가 결과를 보면, 우리나라는 평균 점수 514점으로 6~11위를 차지했다. 주목해서 봐야 할 점은 읽기 영역의 순위가 2006년 이후 지속적으로 하락했다는 사실이다. 2006년 PISA에서 우리나라 '읽기' 영역 순위는 1위였으나 2018년에는 6~11위까지 하락한 것이다. 특히 읽기 영역에서 성취 수준이 낮은 하위 학생들의 비중도 증가했는데, 최하위 수준에 해당하는 1수준과 1수준 미만의 비율이 2000년 5.7퍼센트에서 2018년 15.1퍼센트로 늘어났다. 최하위 수준은 '적당한 길이의 텍스

중학교 3학년 문해력, 10명 중 1명은 초등 수준

전국의 중학교 3학년 학생을 대상으로 한 '문해력 진단평가' 결과는 우리나라 문해력 교육을 심각하게 우려할 만한 수준으로 나타났다. 또래인 중학교 3학년 수준에 '미달'하는 아이들의 비율이 27퍼센트에 달했으며, 이 가운데 초등학교 수준에 해당하는 아이들의 비율도 11퍼센트나 되었다.

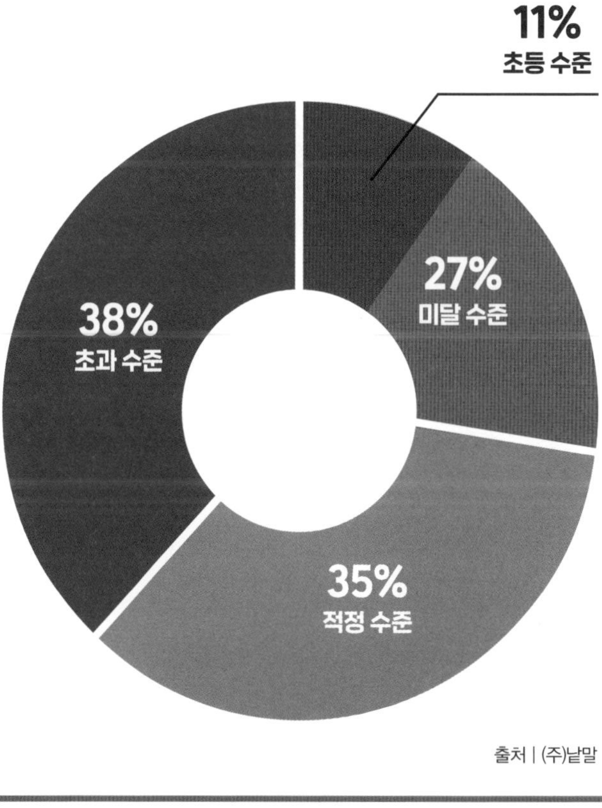

출처 | (주)낱말

▌우리나라 만 15세 학생들의 '읽기' 수준 변화

연도	평균 점수	최하위 수준 비율(%)
2000	525	**5.7**
2003	534	**6.8**
2006	556	**5.7**
2009	539	**5.8**
2012	536	**7.6**
2015	517	**13.6**
2018	514	**15.1**

출처 | OECD 국제학업성취도평가 연구

트에서 주요 아이디어를 파악할 수 없고, 기본적인 추론을 통한 의미 해석도 어려운 수준'이다.

많은 전문가가 아이들의 문해력 저하 원인이 글 읽는 시간이 줄어들고 글 읽기를 싫어하게 된 데에 있다고 진단한다. 문자 콘텐츠보다는 영상 콘텐츠를 더 많이 접하는 환경 등으로 인해 '글 읽기'가 부족해지고 이것이 문해력 저하로 이어지고 있다는 것이다.

그렇다면 "어떻게 아이들에게 글을 읽게 할 것인가?"라는 질문에 대한 답을 찾아야 한다. 독서가 문해력 향상에 도움이 되는 건 맞지만 그렇다고 무조건 책 읽기를 권하는 것은 답이 아니다. 기초적인 읽기 능력이 없는 10대의 아이들에게 독서는 괴

롭고 힘든 일일 뿐이다. 각자 아이들의 '읽기 능력 수준'을 정확하게 파악해서 이에 맞는 읽기 훈련을 하도록 도와줘야 실질적인 문해력 향상이 이루어진다. 그런데 아직까지 우리나라 공교육에서는 아이들 개개인의 읽기 능력 수준이 다르다는 점, 각각의 수준과 문제점을 파악해서 그에 따른 맞춤식 읽기 훈련이 이루어져야 한다는 점을 충분히 고려하지 못하고 있다. 상황이 이러하니 읽기 능력이 부족한 아이들이 이를 만회할 기회를 얻기 어렵고, 이는 문해력 위기가 심화되는 결과로 이어지고 있다.

국가에서 문해 교육에 관심을 가져야 하는 이유

지금 세계 각국에서는 핵심 미래 역량으로 문해력을 주목하고 있다. 우리나라 10대 아이들의 미래 경쟁력을 좌우하는 것 역시 문해력이 될 것이다. 따라서 아이들의 문해 교육을 연구하고 지원하는 국가 차원의 노력이 절실히 필요한 상황이다. 하지만 우리나라 공교육 시스템에서는 문해 교육이 거의 진행되지 않는다. "수업 진도를 잘 따라가기만 하면 누구나 자연스럽게 글을 읽고 이해하는 능력을 습득할 수 있다"라는 전제가 교육 과정에 반영되어 있기 때문이다. 문해력이 뒤처지는 아이들을 평균 수준으로 끌어올리기 위한 고민도 하지 않고 있다. 일부 교사와 지자체를 중심으로 아이들의 문해력 수준에 따른 맞춤 교육을 하려는 노력이 이루어지고 있지만 아직 가야 할 길이 멀다.

현재 대부분의 아이들은 사교육을 통해 문해력을 키우고 있다. 집안 사정이 어려워 사교육을 받지 못하는 아이들은 문해력 교육 기회를 전혀 얻지 못하고 있는 상황이다. 이로 인해 벌어진 학습 격차는 이후 성인의 삶에서도 계속 걸림돌로 작용한다.

청주교육대학교 국어교육과 엄훈 교수는 〈초기 문해력 교육의 현황과 과제〉라는 논문에서 "아동기의 문해력의 발달 격차 문제에 대한 해결의 포인트는 공교육 시스템 안에서 가급적 초등학교 1학년 시기에 문제해결을 시도하는 '초기 문해력 조기 개입'에 있다"라고 언급하면서 공교육 시스템의 문제점을 이렇게 짚었다.

"부모의 충분한 지원을 받지 못하는 아동이나 부모의 지원에도 불구하고 초기 문해력 학습에 성공하지 못하는 20~30퍼센트의 아이들은 공교육에서 필요한 교육적 지원을 받지 못한 채 방치되고 입학하자마자부터 학습 부진아로 전락하게 된다. 이것이 '초기 문해력 교육의 빈자리' 현상이다. 초기 문해력 교육의 빈자리 현상은 한국의 공교육 시스템이 초기 문해력 교육을 책임지지 않고 학부모와 학생 개인의 책임으로 전가하는 현상이다."

얼마 전 문해 교육이 왜 국가 차원에서 관심을 가져야 하는 문제인지를 잘 보여주는 깜짝 놀랄 만한 사건이 있었다. 2020년 4월 27일 〈뉴욕타임스〉 보도에 따르면, 미국의 디트로이트 공립학교 학생들은 "문해 교육에 있어 학교 측으로부터 양질의 교사와 제대로 된 학습 환경을 제공받지 못해 심각한 어려움을 겪고 있다"라고 하면서 '문해 교육은 국가가 보장해야 할 헌법적 권리'라는 취지의 소송을 제기했다. 그리고 미국 연방고등법원은 문해 교육에 대한 주 정부의 책임을 인정하는 판결을 내렸다. 이 판결을 계기로 미국 공교육 기관들은 문해 교육 상황을 점검하기 시작했고, 교과 과정을 개정하면서 '읽기 교육'을 대폭 강화했다.

문해 교육은 미래에 대한 투자이다

미국뿐 아니라 세계 각국에서 문해 교육에 국가 차원의 투자가 이루어지고 있다. 영국의 경우 초등학교 때부터 전국학업성취도 평가를 통해 아이들의 문해력 수준을 진단한다. 초등학교 1학년을 대상으로 '발음중심 어학교수법 측정 검사(phonics screening check)'를 실시하는데, 교사 한 명이 각 학생들에게 40개의 단어를 소리 내어 읽게 한 후 평가한다. 평가 결과를 바탕으로 문해력 수준이 낮다고 판단될 경우 정부에서 지원하는 개인 교습 또는 관련 교육 캠프에 참여할 수 있도록 한다. 또 2012년부터는 중학교에 입학하는 학생들을 대상으로 '문해력과 수리력 따라잡기 보조금'을 지원하고 있다. 문해력과 수리력을 제대로 갖추지 못한 상태로 초등학교를 졸업하고 중학교에 입학한 학생이 있을 경우 각 중학교에서는 해당 학생이 부족한 문해력을 만회할 수 있도록 효과적인 맞춤 교육 프로그램을 운영하는데, 이때 이 보조금을 사용할 수 있다. 이러한 제도는 이전 단계의 학습 부진으로 인해 다음 단계의 교육 과정에서 발생할 수밖에 없는 학습 결손을 조기에 해결할 수 있다는 점에서 주목할 만하다.

독일은 문해력 강화 프로그램인 '알파데카데(Alpha-dekade)'를 운영하는 데에 연간 200억 원이 넘는 예산을 투입한다. '알파데카데'에는 문해 교육의 기본이 되는 독서 문화 조성을 위한 1~3세 어린이와 부모 대상의 책 읽어주기 프로그램이 포함되어 있다.

이탈리아에서는 초등학교부터 고등학교 과정까지 문해력 테스트를 지속적으로 실시하면서 학생들이 글을 잘 읽고 이해하는지 어떤 도움이 더 필요한지 등을 철저하게 점검한다.

미국, 영국 등의 국가에서 이처럼 문해 교육을 위한 체계적인 교육 시스템을 마련하고 많은 투자를 하는 이유는 무엇일까. 그것은 문해 교육이 아이들의 미래와 국가의 미래를 위한 일이기 때문이다. 아이들을 미래의 핵심 인재로 자라나게 하려면 문해 교육은 필수이다. 그리고 문해 교육을 책임져야 할 주체는 공교육 기관이어야 한다.

문해력은 운명이 아니라 노력이다

책을 많이 읽는 뇌와 안 읽는 뇌는 어떻게 다를까

독서는 뇌를 발달시키고 창의성을 높이는 가장 기본적인 활동이다. 또한 문해력 발달의 기초가 되는 활동이기도 하다. 그런데 책 읽기를 어려워하는 사람이 의외로 많다. 영상이나 이미지는 잘 이해가 되는데 글은 몇 번을 읽어도 무슨 말인지 이해하기 어렵다는 이가 있다. 글을 읽을 때 집중이 잘 안 돼서 읽다 보면 어느 순간 다른 생각을 하거나 다른 곳을 보고 있는 자신의 모습에 곤혹스러워하는 사람도 있다.

이렇게 책 읽기가 힘든 건 왜일까? 그 이유는 우리의 뇌, 더 구체적으로 말하면 전전두엽과 관련이 있다. 앞에서 언급한 전전두엽 활성화 실험에서는 1년에 평균 1권의 책을 읽는 '초보 독서가' 4명과 평균 70권의 책을 읽는 '능숙한 독서가' 4명을 대상으로 두뇌 활동에 각각 어떤 차이가 있는지 확인해보았다. 선정된 8명에게 네 가지 유형(과학, 인문사회, 대중매체, 문학)의 짧은 텍스트를 읽게 하고, 텍스트를 읽는 동안 뇌에서 어떤 변화가 일어나는지 관찰했다. 이때 사전 지식과 이해도 확인을 위한 검사도 함께 진행했다.

실험 결과를 보면, 능숙한 독서가들은 글을 읽는 동안 뇌의 다른 영역에 비해 전전두엽이 특히 활성화되어 붉은색으로 나타났지만, 글을 잘 읽지 않는 초보 독서가들은 전전두엽이 덜 활성화되어 푸른색으로 나타났다. 이런 차이는 어디에서 비롯되는 걸까?

이에 대해 한양대학교 영어영문학과 김세영 교수는 "능숙한 독서가들의 경우에는 추론 또는 상위인지 과정과 관련된 전전두엽의 특정 뇌 영역이 상대적으로 더 많이 활성화된 것으로 보인다"라고 분석했다. 그렇다면 전전두엽의 활성화가 더 잘된다는 것은 무엇을 의미할까?

실험 참가자를 대상으로 '글의 이해도'를 평가하는 질문을 했을 때 전전두엽이 활성화된 집단이 그렇지 않은 집단에 비해 글의 세부적인 내용에 대해 더 잘 기억하고 있었다. 이를 점수

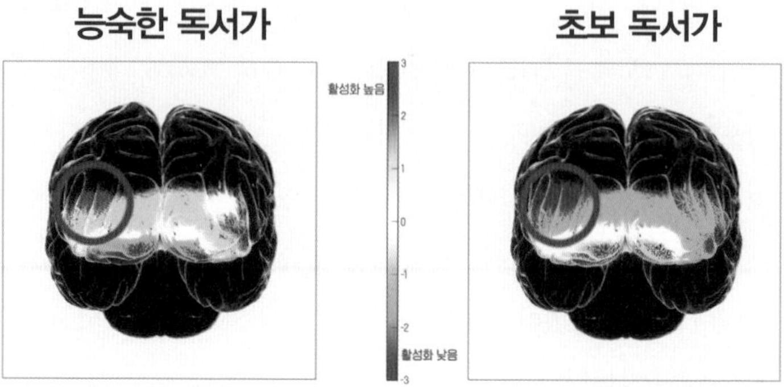

책을 많이 읽는 사람과 안 읽는 사람의 전전두엽 활성화 비교

능숙한 독서가는 초보 독서가에 비해 글을 읽을 때
전전두엽이 특히 활성화된다. 그 이유는
초보 독서가는 글자를 읽는 데 급급한 반면에
능숙한 독서가는 뇌에 이미 저장된 사전 지식과 글을 읽고
해석한 의미를 연결하는 상위인지 과정을 거치며 글을 읽기 때문이다.

로 환산해보았더니 능숙한 독서가는 평균 91점이고 초보 독서가는 43점을 기록했다. 두 배가 넘는 점수 차이였다. 능숙한 독서가와 초보 독서가의 '글의 이해도'가 다른 이유에 대해 김세영 교수는 "능숙한 독서가들의 경우 뇌가 이미 가지고 있는 사전 지식과 글에서 읽은 지식과의 관계를 유추하는 상위인지 과정이 잘 이루어졌고, 그런 과정에 필요한 뇌 부위가 선택적으로 잘 활용된 것으로 이해된다"라고 설명했다.

글을 잘 읽는 능숙한 독서가의 경우는 글자를 읽는 것보다는 글의 의미와 맥락을 파악해서 내용을 이해하고 해석하기 위한 인지 활동에 뇌를 더 많이 쓴다. 반면 글을 잘 읽지 않는 초보 독서가의 뇌는 글자를 읽는 데 더 많은 노력을 기울인다. 능숙한 독서가는 초보 독서가에 비해 뇌를 보다 생산적이고 효율적으로 사용하는 것이다.

우리는 종종 글을 읽으면서 "머리가 잘 안 돌아간다"라는 말을 하는데, 글을 읽어도 전전두엽이 활성화되지 않으면 그런 느낌을 받을 수 있다. 평소에 책을 많이 읽지 않는 사람은 글을 읽을 때 글자 자체를 읽는 데 뇌를 많이 쓰느라 전전두엽이 쉽게 활성화되지 않기 때문이다. 그래서 평소에 책을 많이 읽는 사람은 계속해서 잘 읽을 수 있는 반면에 책을 잘 읽지 않는 사람은 짐짐 더 읽기가 어려워지는 것이다.

잘 읽는 뇌는 후천적 노력으로 만들어진다

인지신경과학자이자 아동발달학자인 매리언 울프(Maryanne Wolf)는 《책 읽는 뇌》라는 책에서 "인류는 책을 읽도록 태어나지 않았다. 독서는 뇌가 새로운 것을 배워 스스로를 재편성하는 과정에서 탄생한 인류의 기적적 발명이다"라고 주장했다.

'말하는 유전자'는 일부를 제외한 모든 인간이 갖고 태어나지만, '읽는 유전자'를 선천적으로 지닌 사람은 없다. 인간의 뇌에는 '읽기'와 직접 관련된 영역이 없는데, 그 이유는 인간은 수백만 년에 걸쳐 진화해온 데 반해 문자가 발명된 지는 기껏해야 5,000년 정도밖에 되지 않았기 때문이다.

인간은 '읽는 뇌'를 갖고 태어나지 않으므로 글을 읽으며 뇌의 회로를 바꾸어나감으로써 '읽기' 능력을 습득해야 한다. 한편으론 읽기 능력을 습득했다 해도 지속적으로 글을 읽지 않으면 관련 뇌 기능이 퇴화해 읽기 능력도 퇴보하게 된다.

초기의 뇌과학자들은 뇌의 구조와 기능이 출생 직후에 거의 결정되며 이후에는 뇌의 크기만 확대될 뿐이라고 생각했다. 하지만 최근에는 환경이나 경험에 의해 뇌가 계속 변화하고 발달할 수 있다는 사실이 여러 연구 결과를 통해 밝혀졌다. 이를 '뇌가소성(neuroplasticity)'이라는 개념으로 설명할 수 있는데, 뇌가소성이란 뇌에 자극이 가해지면 신경이 새롭게 연결되고 강화되면서 화학적·구조적으로 변하는 성질을 말한다. 여기에서 뇌에 가해지는 자극이란 새로운 생각을 하거나 새로운 것을 배우거나 새로운 경험을 하는 것을 의미한다.

2017년 5월 국제학술지 〈사이언스 어드밴시스〉에 발표된 연구 결과도 "읽기 훈련이 이미 성숙한 뇌에도 변화를 일으킬 수 있다"라는 점을 보여주었다. 독일, 인도, 네덜란드의 공동 연구진은 인도 북부의 한 마을에서 30대 여성 문맹자 21명에게 힌디어를 가르쳤다. 연구진은 대상자들에게 6개월간 읽기와 쓰기를 가르쳐 초등학교 1학년 수준에 도달하도록 했으며, 한편으로는 수시로 기능성자기공명영상(fMRI)을 촬영하며 뇌의 변화를 관찰했다. 그 결과 성인 문맹자들이 글자를 배우게 되면 대뇌피질이 재구성되면서 뇌의 구조가 원천적으로 변화한다는 사실을 밝혀냈다. 연구진은 대뇌피질뿐만 아니라 더 깊은 뇌의 안쪽 부분까지 변화했다며, 특히 뇌의 중추적인 기능들이 집약해 있는 '뇌간'과 감각 및 운동 정보를 전달하는 '시상'에서 그 변화가 두드러졌다고 설명했다.

이처럼 뇌가 가진 '가소성' 덕분에 우리는 학습과 훈련으로 뇌를 진화시킬 수 있다. 다시 말해, 읽기 훈련을 많이 하면 관련 뇌의 영역에 자극이 가해짐으로써 문해력 향상에 도움이 되는 '잘 읽는 뇌'로 만들어갈 수 있는 것이다.

문해력 격차는 적절한 훈련으로 만회할 수 있다

태어날 때부터 잘 읽는 뇌, 잘 읽지 못하는 뇌가 정해지는 것이 아니다. 잘 읽는 뇌는 적절한 학습과 훈련을 통해 만들어진다. 만일 문해력 발달 시기를 놓치고 성인이 되었다 하더라도 훈련을 통해 얼마든지 잘 읽는 뇌로 변화시킬 수 있다. 이에 대해 조병영 교수는 다음과 같이 조언했다.

"문해력은 후천적으로 발달하는 능력이며 가지고 태어나는 능력이 아니다. 어렸을 때 제 나이에 맞게 문해력을 발달시키는 것이 중요하지만, 어떤 요인으로 인해 뒤처졌다고 해서 격차를 극복하는 것이 불가능한 것은 아니다. 문해력을 개발할 기회들이 적절하게 제공되면 누구나 언제든지 따라갈 수 있고 만회할 수 있다. 문해력은 평생 배워야 하는 것이며, 나 또한 지금도 배우고 있다."

물론 글과 언어를 본격적으로 접하게 되는 아동기에 초기 문해력을 적절하게 발달시키지 못하면 읽기와 쓰기를 어려워하고 싫어하게 되면서 문해력 격차가 점점 더 커지는 게 사실이다. 그래서 성장 시기에 따라 평균 수준의 문해력을 습득하는 것이 굉장히 중요하다. 하지만 어느 단계에서 또래의 평균 수준에 이르지 못한 채 시기를 놓쳤다 하더라도 글을 읽으려는 노력을 멈추지 않으면 문해력 격차는 충분히 극복할 수 있다.

우리나라의 문해력 수준이 전반적으로 저하되고 있는 것은 그동안 '읽기'와 '읽기 교육'의 중요성을 간과한 데서 그 원인을 찾을 수 있다. 잘 읽는 뇌를 만들기 위해서는 꾸준히 반복해서 읽는 연습이 필요하다. 매리언 울프 교수도 강조했듯이 "종이책은 읽는 도중 생각의 지도를 만들어줄 수 있는 우수한 매체"이다. 읽기 능력을 키우고 문해력 수준을 높이려면 종이책을 읽는 것이 가장 좋다. 하지만 책을 읽는 게 너무 부담스럽다면 다른 방식의 글 읽기 연습을 해도 된다. 어떤 글이든 계속 읽으려는 노력이 중요하고 그런 지속적인 읽기 훈련을 통해 문해력은 향상된다.

당신의 문해력은 어떻습니까?

[성인 문해력 테스트]

다음은 EBS 〈당신의 문해력〉 제작팀에서 성인 883명을 대상으로 실시한 문해력 테스트 문제이다. 총 11문제를 15분 동안 풀어야 한다. 정답에 체크(√)를 한 후에 제시된 정답과 해설을 참조해 자신의 문해력 수준을 점검할 수 있다.

1. 다음은 의약품 설명서 중 일부이다. 이를 읽고 이해한 내용으로 가장 적절한 것은?

이 약은 무슨 약입니까?

이 약은 성인의 인슐린 비의존성(제2형) 당뇨병 환자의 혈당조절 개선을 위해 처방되는 약물입니다.

이 약은 어떻게 복용합니까?

처방의의 지시에 따라 복용합니다. 보통 이 약은 1일 1회 1정 식사와 상관없이 복용합니다.

다음과 같은 증상이 나타나는 경우 즉시 의사나 약사에게 알려야 합니다.

- 발목이나 다리에 체액저류나 부종이 생기는 경우
- 누워 있는 동안에도 호흡이 짧아지거나 호흡에 문제가 있는 경우

① 처방의의 지시가 없더라도 반드시 식후에 복용해야 한다.
② 복용 후에 발목이 갑자기 부으면 의사와 상의해야 한다.
③ 당뇨병 환자뿐만 아니라 심장병 환자도 복용할 수 있다.
④ 처방의의 판단에 따라 청소년 환자까지는 복용이 가능하다.

2. 다음은 근로기준법 규정 중 일부이다. 그 아래 문장의 (　) 안에 들어갈 말로 가장 적절한 것은?

제60조(연차 유급휴가)

① 사용자는 1년간 80퍼센트 이상 출근한 근로자에게 15일의 유급휴가를 주어야 한다.

② 사용자는 3년 이상 계속하여 근로한 근로자에게는 제1항에 따른 휴가에 최초 1년을 초과하는 계속 근로 연수 매 2년에 대하여 1일을 가산한 유급휴가를 주어야 한다.

＊나는 올해 입사 만 5년 차이니까 이번 해에는 급여 산정에 포함되는 연차를 최대 (　　　　　　)일을 쓸 수 있다.

① 15　② 16　③ 17　④ 18

3. 다음 글을 바탕으로 (　) 안에 들어갈 말을 추론한 것으로 가장 적절한 것은?

편도 4차선 도로의 4차로를 달리던 자동차 B가 정차 후 조수석 뒷문을 열다가 뒤에서 달려오던 오토바이 A에 들이받히는 접촉사고가 났다. 오토바이 A의 운전자는 B가 정지신호 없이 정지했고 오른쪽 도로 공간이 넓은 상태에서 문을 열었기 때문에, B의 일방과실이라는 주장을 펼쳤다. 그러나 B의 운전자는 A가 무리하게 진행해 발생한 사고이므로, A의 일방과실이라며 맞섰다. 이 사고를 심의한 손해보험협회 자동차사고 과실비율분쟁 심의위원회(이하 과실비율위원회)는 "후행하는 A는 전방에 정차 중인 B가 갑자기 문을 여는 것을 피하기가 매우 곤란하나, 평소 문이 열릴 가능성을 염두에 두고 전방주시를 철저히 하며 서행할 의무가 있다"며 B의 과실을 7, A의 과실을 3으로 판단했다.

＊과실비율위원회는 (　　　　　　)의 과실이 더 크다고 판단하였다.

① 정지신호 없이 정지하고 차량의 문을 연 차량 운전자
② 교통의 흐름을 고려하여 서행하지 않은 차량 운전자
③ 평소에 전방주시 의무를 소홀히 한 오토바이 운전자
④ 문이 열릴 가능성을 염두에 두지 않은 오토바이 운전자

4. 다음 견적서를 받은 XX물산에서 선택사양을 선택하지 않고 구매할 때의 총 구매 금액은 얼마인가?

견적서

견적일 : 2020년 12월 1일

수신 : XX물산 자재과 귀하

공급자	**사업자등록번호**		△△-○○-12345	
	상호	○○컴	**대표자**	조립짱

결제금액(공급가액+세액)		**일금 일백사십오만원정**			**₩1,450,000**	
번호	**품명**	**수량**	**단가**	**공급가액**	**세액**	**비고**
1	CPU	1	370,000	370,000	370,000	쿨러 포함
(중략)						
10	키보드, 마우스	1	20,000	20,000	2,000	쿨러 포함
11	운영체제 소프트웨어	1	290,000	290,000	29,000	WIN 10 PRO
합계				**1,450,000**		VAT 포함

담당자 : 조립짱

전화번호 : 010 – XXXX – XXXX

팩스번호 : 02 – XXXX – XXXX

홈페이지 : www.XXcom.co.kr

[메모]

▶ 유효견적 기간은 견적일자로부터 5일입니다.
▶ 발주일로부터 1~3일 이내 납품이 이루어집니다.
▶ 조립비용은 ₩50,000으로, 위 금액에 포함되지 않았지만 발주 시 별도로 청구됩니다.
▶ 운영체제의 설치는 선택사양으로, 선택 시 추가 비용(₩20,000, VAT 포함)이 발생할 수 있습니다.

① 145만 원 ② 147만 원 ③ 150만 원 ④ 152만 원

5. 다음은 KTX 열차의 '다자녀 행복' 할인제도의 할인율을 설명한 내용이다. 두 중학생 자녀와 부부가 이 할인제도를 이용하여 '서울-부산' 구간의 왕복 승차권을 구입할 때, 총 구매 금액은?

(할인율) KTX 열차별 승차율에 따라 지정된 좌석을 등록된 가족 중 최소 3명 이상(어른 1명 포함)이 이용하는 경우 어른 운임의 30% 할인

[서울-부산 간 편도 요금]

	어른	청소년
정상 요금	50,000원	30,000원
30% 할인 요금	35,000원	21,000원

① 190,000원 ② 224,000원 ③ 260,000원 ④ 284,000

6. 다음 중 '혼인신고'에 대해 잘못 이해한 사람은?

혼인신고는 신고에 의해 효력이 발생하는 창설적(創設的) 신고로서 신고 기간이 따로 정해져 있지 않으며, 결혼을 하려는 당사자가 가족관계 등록기준지, 주소지 또는 현재지의 시청 · 구청 · 읍(면)사무소에 신고하면 됩니다. 당사자 중 일방만이 출석해서 혼인신고를 할 수 있으며, 이때에는 불출석한 혼인당사자의 신분증을 제시하거나 인감증명서를 제출해야 합니다. 만일 외국에서 대한민국 국민끼리 결혼했다면, 그 외국에 주재하는 대사관 · 공사관 또는 영사관에 혼인신고를 하면 됩니다. 외국에 거주하거나 체류하는 대한민국 국민의 경우 재외국민 가족관계등록사무소에서도 혼인신고를 할 수 있습니다.

① 주민등록상 주소지가 아니어도 거주하는 지역의 동사무소에서도 가능하네.

② 결혼식을 올린 후뿐만 아니라 결혼식을 올리기 전에도 혼인신고를 할 수 있어.

③ 신혼여행을 해외로 간 경우에도 그 나라의 영사관에서 혼인신고를 할 수 있구나.

④ 부부 중 한 사람만 가서 신고해도 되지만, 배우자의 신분증을 가져가야 하는군.

7. 다음은 주택임대차계약 갱신 방법에 대한 설명이다. 이 설명에 의존할 때 '묵시의 갱신'을 할 수 있는 사례로 적절한 것은?

주택임대차계약을 갱신하고자 할 때는 다음 두 가지 경우 중 하나의 방법으로 갱신을 할 수 있습니다.

1. 합의에 의한 계약 갱신

임대차 만료일에 즈음하여 임대인과 임차인은 임대차 계약의 조건을 변경하거나, 그 기간을 변경하는 등 계약조건을 변경하여 합의 갱신하거나, 기존의 임대차와 동일한 계약조건으로 합의하여 갱신할 수 있습니다.

2. '주택임대차보호법'에 따른 묵시의 갱신

임대인이 임대차 기간이 끝나기 6개월 전부터 1개월 전까지의 기간에 임차인에게 갱신거절의 통지를 하지 않거나, 계약조건을 변경하지 않으면 갱신하지 않는다는 뜻의 통지를 하지 않거나, 임차인이 임대차 기간이 끝나기 1개월 전까지 임대인에게 그러한 통지를 하지 않고 그 기간이 끝난 경우에는 전 임대차 계약과 동일한 조건으로 다시 임대차한 것으로 간주합니다.
갱신거절의 통지는 임대차 기간이 끝나면 더 이상 임대차 관계를 존속시키지 않겠다는 통지를 말하고, 이러한 통지는 명시적이든 묵시적이든 상관없습니다.
계약조건 변경의 통지는 임대차 기간이 끝나면 임대차계약 내용을 변경하겠으며, 만일 상대방이 응하지 않으면 더 이상 임대차 관계를 존속시키지 않겠다는 통지를 말하고, 이러한 통지에는 변경하려는 계약조건을 구체적으로 밝혀야 합니다.
임차인이 차임을 2회 이상 연체하거나 그 밖에 임차인으로서의 의무를 현저히 위반한 경우에는 묵시의 갱신을 할 수 없습니다. 따라서 임대인이 이러한 사유로 임대차 계약을 해지하지 않더라도, 임차인에게 이러한 사유가 있으면 묵시의 갱신이 인정되지 않기 때문에 임대차는 그 기간의 만료로 종료됩니다.

① 2019년 1월 1일에 2년 전세 계약을 맺은 양 당사자가 2020년 1월 1일에 계약 기간을 6개월 연장한 경우
② 2019년 12월 15일 1년 월세 계약을 맺은 임차인에게, 임대인이 2020년 6월 14일까지 계약을 연장하지 않겠다는 의사를 밝히지 않은 경우
③ 2020년 12월 1일에 1년 월세 계약이 만료되는 임차인이 월세를 3회 연체했음에도 불구하고 임대인이 아무런 의사를 밝히지 않은 경우
④ 2020년 12월 1일에 만료되는 2년 전세 계약에서 임대인이 임차인에게 11월 31일까지 갱신거절 및 계약조건 변경의 통지를 하지 않은 경우

8. 다음은 어떤 심리학 실험의 결과를 소개한 것이다. 이를 바탕으로 추론한 내용으로 가장 적절한 것은?

사람들은 자신의 입장에 부합하는 글들을 읽을 때는 논리적이고 합리적인 내용을 더 많이 기억했고, 반대 입장에서 쓰인 글들을 읽을 때는 억지스럽거나 터무니없는 내용을 더 많이 기억했다.

① 사람들은 독서의 과정에서 항상 합리적으로 사고한다.
② 사람들은 독서를 통해 자신의 주관적 입장을 강화한다.
③ 사람들은 자신과 반대되는 입장의 글은 기억하지 않는다.
④ 사람들은 독서를 할 때 비논리적인 내용은 기억하지 않는다.

9. 다음 글을 바탕으로 볼 때 ( )에 들어갈 말로 알맞은 것은?

멕시코만에서 데워진 표면 해류는 북대서양을 가로질러 북극해로 흘러간다. 이 해류는 노르웨이 해안을 포함한 고위도 지역을 지나면서 차가운 대기와 만나 열을 빼앗기다가 결국 북극해에서 수심 2km까지 가라앉게 된다.

대륙 내부에 있는 러시아의 고위도 지역 기온이 영하 20도일 때, 같은 위도상의 노르웨이 해안 지역 기온은 상대적으로 (   ).

① 더 낮다 ② 더 높다 ③ 같다

10. 과학과 종교의 관계에 대한 아인슈타인의 견해를 추론한 것으로 가장 적절한 것은?

아인슈타인은 과학은 현재 있는 그대로의 실재를 파악하는 일에만 관심을 두고 종교는 '인간이 어떻게 살 것인가'라는 가치 판단에만 관계하는 것이라고 보았다. 그리하여 그는 '종교 없는 과학은 무력하고, 과학 없는 종교는 눈먼 것이다'라고 표현하였다.

① 상호 배타적 ② 상호 호혜적 ③ 상호 보완적 ④ 상호 모순적

11. 다음 글의 ( ) 안에 들어갈 말로 가장 적절한 것은?

상품 광고 중에는 소비자의 (   )을/를 자극하기 위해 일부러 상품에 대한 정보를 자세하게 드러내지 않는 '티저 광고'가 있다. 티저(teaser)는 '감질나게 하다, 애를 태우게 하다'라는 뜻을 가진 영어 단어 tease에서 나온 말이다.

① 의구심 ② 충동심 ③ 호기심 ④ 자부심

[성인 문해력 테스트] 정답 및 해설

1. 정답 ②

이 문제는 의약품 설명서에 제시된 정보를 정확하게 이해하고 있는지를 묻는 문제이다. 의약품 설명서의 세 번째 항목은 약품 복용 시 즉시 의사나 약사에게 알려야 하는 증상을 두 가지로 제시했는데, 그중 '발목이나 다리에 체액저류나 부종이 생기는 경우'를 근거로 ②가 적절하다고 판단할 수 있다. '체액저류'란 '수분저류현상'이라고도 하는데, '신체의 순환계나 조직, 흉강이나 복강 등의 신체 구멍에 수분이 비정상적으로 축적되어 신체 기관이 붓는 현상'을 의미한다. 그리고 '부종(浮腫)'이란 '몸이 붓는 증상. 몸의 어느 한 부분의 혈액 순환 장애로 생김'이란 뜻의 단어이다. 따라서 발목이나 다리가 갑자기 부을 경우, 의사나 약사에게 이를 알리고 상담을 해야 한다는 내용이다.

2. 정답 ③

이 문제는 근로기준법 조항을 읽고 특정한 사례에 적용하여 해석할 수 있는지를 묻는 문제이다. 올해 입사 만 5년 차인 근로자는 올해 입사한 지 만 5년째 되는 근로자를 의미한다. 유급휴가란 급여 산정에 포함되는 휴가로, 이 문제에서는 근로기준법 제60조 연차 유급휴가를 계산해야 한다. 제60조의 ②항으로 미루어볼 때, 전년도 근무일수 중 80퍼센트 이상 출근한 근로자의 경우, 입사한 지 1년을 초과할 경우(2년 차) 15일의 유급휴가를 쓸 수 있고, 만 3년 차가 되면 하루를 더해 최대 16일의 유급휴가를 쓸 수 있으며, 입사 만 5년 차인 근로자는 다시 하루를 더 더해 최대 17일의 유급휴가를 쓸 수 있다. '최초 1년을 초과하는 계속 근로 연수 매 2년에 대하여 1일을 가산'한다는 것은, 입사한 지 1년이 지난 후 2년 단위로 유급휴가에 하루가 더해진다는 의미이다. 한편, 유급휴가를 정하는 '입사 연차'를 계산하는 기준은 입사일이다. 이 문제의 발화 맥락상 한 해 초에 그해 사용 가능한 연차를 예상하고 있는데, 입사일은 자연스럽게 지나게 마련이므로, 만 5년 차(보통 6년 차라고도 함)의 연차를 사용할 수 있다고 판단할 수 있다.

3. 정답 ①

이 문제는 자동차 사고에 대해 과실비율위원회에서 내린 결정을 읽고, 그 결정의 의미를 추론할 수 있는지를 묻는 문제이다. 과실비율위원회는 자동차 B의 과실을 7, 오토바이 A의 과실을 3으로 판단했으므로, 자동차 B의 운전자 과실이 더 크다고 판단했음을 알 수 있다. 이는 오토바이 A 운전자의 주장이 더 타당하다고 판단한 결과로 볼 수 있으므로, 'B가 정지신호 없이 정지했고 오른쪽 도로 공간이 넓은 상태에서 문을 열었다'는 A 운전자의 주장을 받아들였다고 볼 수 있다. 따라서 괄호에는 ①의 내용이 들어가는 것이 적절하다.

4. 정답 ③

이 문제는 견적서를 읽고 이해한 내용의 적절성을 판단하는 문제이다. 현재 견적서 표에 제시된 결제 금액은 145만 원이다. 그리고 '메모'의 세 번째 항목 내용인 '조립비용은 ₩50,000으로, 위 금액에 포함되지 않았지만 발주 시 별도로 청구됩니다'를 고려하면, XX물산에서 컴퓨터를 구매할 때는 조립비용 5만 원이 포함한 150만 원을 지불해야 한다. 단, 문제에서 '선택사양'을 선택하지 않는다고 했으므로, 선택사양인 운영체제 설치비용인 2만 원은 포함되지 않는다. 따라서 정답은 ③이다.

5. 정답 ③

이 문제는 코레일 홈페이지에 게재된 승차권 할인율에 근거하여 두 중학생 자녀와 부부가 '서울-부산' 구간의 왕복 승차권을 구입할 때의 구매 금액을 계산하는 문제이다. 문제에 제시된 할인율은 어른 운임의 30%를 할인하는 것이므로, 편도 요금의 경우 부부의 승차권은 각각 30% 할인된 금액인 3만 5,000원에 구입할 수 있다. 그런데 이 할인요금제도는 어른 운임에만 적용이 되고, 청소년인 두 자녀의 운임에는 적용되지 않는다. 따라서 편도 요금은 부부 요금인 7만(3만 5,000×2) 원과 두 자녀의 요금인 6만(3만×2) 원을 더한 13만 원이고, 왕복 요금은 26만 원이다.

6. 정답 ①

이 문제는 혼인신고 요령에 대한 이해의 적절성을 묻는 문제이다. 제시된 지문에 따르면 혼인신고가 가능한 국내의 관공서는 '시청·구청·읍(면)사무소'이고, 해외의 관공서는 '대사관, 공사관, 영사관, 재외국민 가족관계등록사무소'이다. 그런데 ①의 내용은 동사무소에서 가능하다고 서술하고 있으므로 적절하지 않다. 특히 국내 관공서의 경우, '가족관계 등록기준지, 주소지 또는 현재지'의 '시청·구청·읍(면)사무소'에서 신고가 가능하므로, 주민등록상 주소지가 아니어도 거주하는 지역, 즉 거주지의 해당 관공서에서도 신고가 가능하다. ③의 경우, 해외로 신혼여행을 간 것은 '외국에 체류하는 경우'에 해당하며, 제시문의 '재외국민 가족관계등록사무소에서도 혼인신고를 할 수 있습니다'의 '도'의 의미를 주의해서 읽고 이해하면, 외국에 주재하는 '재외국민 가족관계등록사무소'뿐만 아니라 '대사관, 공사관, 영사관'에서도 신고가 가능하다는 것을 알 수 있다.

7. 정답 ④

이 문제는 주택임대차계약 갱신 방법 중, '묵시의 갱신'을 할 수 있는 사례를 찾는 문제이다. 제시문의 '주택임대차보호법'에 따른 묵시의 갱신 방법을 설명한 내용을 통해, 임대인이 임대차 기간이 끝나기 6개월 전부터 1개월 전까지의 기간에 임차인에게 갱신거절의 통지를 하지 않거나, 계약 조건 변경의 뜻을 통지하지 않은 경우, 계약 기간이 끝난 후에 이전 임대차와 동일한 조건으로 다시 임대차한 것으로 간주한다는 사실을 알 수 있다. 따라서 ④의 경우 2020년 12월 1일에 전세 계약이 만료되는데, 임대인이 임차인에게 11월 30일까지 갱신 거절 및 계약 조건 변경의 통지를 하지 않은 경우에는 '묵시의 갱신'을 할 수 있는 사례에 해당한다. ①은 '합의에 의한 계약 갱신'의 사례에 해당하며, ②는 임대차 기간이 끝나기 6개월 전보다 이전 기간에 해당하므로 '묵시의 갱신'을 할 수 있는 사례로 적절하지 않으며, ③은 임차인이 차임을 2회 이상 연장한 경우에 해당하므로 '묵시의 갱신'을 할 수 없는 사례에 해당한다.

8. 정답 ②

이 문제는 심리학 실험 결과를 바탕으로 사람들의 독해에 대한 추론의 적절성을 판단하는 문제이다. 실험 결과를 보면 사람들은 자신의 입장에 부합하는 글에 대해서는 논리적이고 합리적인 내용을 더 많이 기억하고, 자신의 입장과 반대되는 글에 대해서는 억지스럽거나 터무니없는 내용을 더 많이 기억한다는 것을 알 수 있다. 사람들이 자신의 입장과 부합하는 글을 읽을 때 논리적이고 합리적인 내용을 더 기억하는 건 자신의 주관적 입장이 옳다는 생각을 강화하는 것이라고 추론할 수 있다. 이와 달리 자신의 입장과 반대되는 글을 읽을 때 억지스럽거나 터무니없는 내용을 더 많이 기억하는 건 자신과 반대되는 입장(주장)이 적절하지 않다는 생각을 강화하려는 심리, 즉 자신의 주관적 입장이 옳다는 생각을 강화하기 위한 것이라고 추론할 수 있다.

9. 정답 ②

이 문제는 제시된 내용을 바탕으로 괄호 안에 들어갈 말을 추론하는 문제이다. 멕시코만에서 데워진 표면 해류는 온도가 높은 해류인 난류에 해당한다. 이 따뜻한 표면 해류는 노르웨이 해안의 고위도 지역을 지나면서 온도가 하강하여 북극해에서 바닷속으로 가라앉게 된다. 따라서 노르웨이 해안 지역의 기온은 이 난류의 영향으로, 같은 위도상 대륙 내부의 러시아 지역 기온보다 상대적으로 더 '높다'라고 추론할 수 있다.

10. 정답 ③

이 문제는 과학과 종교의 관계에 대한 아인슈타인의 관점을 추론하는 문제이다. 제시문에 나온 아인슈타인의 말 "종교 없는 과학은 무력하고, 과학 없는 종교는 눈먼 것이다"라는 내용을 살펴보면, 아인슈타인은 과학과 종교가 서로 부족한 점을 보완해주며, 서로 의존적인 관계라고 생각했음을 알 수 있다. 따라서 아인슈타인은 과학과 종교의 관계를 '상호 보완적' 관계라고 생각했다고 추론하는 것이 적절하다.

11. 정답 ③

이 문제는 제시문을 바탕으로 괄호 안에 들어갈 알맞은 단어를 추론하는 문제이다. 제시문은 '티저 광고'의 개념과 단어 '티저'의 의미와 어원을 제시하고 있다. 티저 광고가 일부러 상품에 대한 정보를 자세하게 드러내지 않음으로써 사람들의 어떤 감정을 자극하는지를 생각해보면, 괄호 안에는 상품에 대한 궁금한 마음, 즉 '호기심'이 적절한 단어라고 판단할 수 있다. '의구심'은 '믿지 못하고 두려워하는 마음', '자부심'은 '자기 자신 또는 자기와 관련되어 있는 것에 대해 스스로 그 가치나 능력을 믿고 당당히 여기는 마음'이므로, 적절하지 않다. 또한 '충동심'은 사전에 등재되어 있지 않은 부적절한 단어이므로 괄호 안에 들어갈 말로 적절하지 않다.

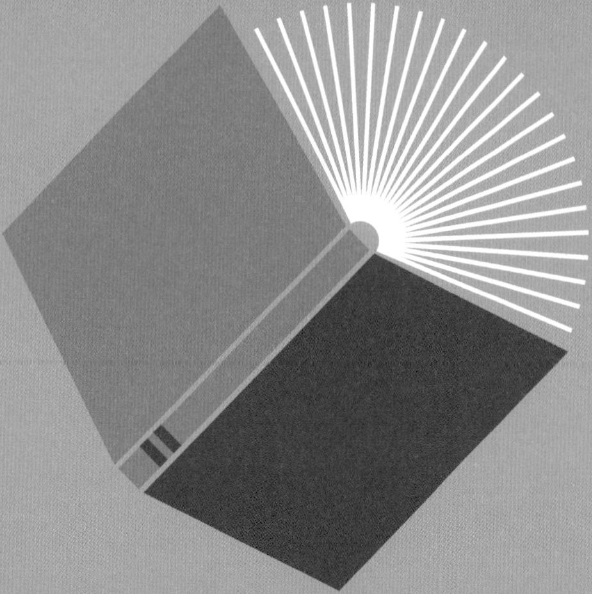

| 제2장 |

영유아기, 문해력 기초 단단하게 다지기

가정에서 부모가 아이에게 매일 조금씩 소리 내어 책을 읽어주는 12주간의 '소리 내어 읽어주기' 프로젝트를 진행한 결과는 놀라웠다. 참여한 23명의 아이들 모두가 음운론적 인식 능력은 물론 이야기를 이해하는 능력에서도 의미 있는 성장을 보여주었다. 무엇보다 책 읽기를 싫어하던 아이들이 책 읽는 시간을 즐거워하게 되었다는 점이 가장 고무적이다.

글자를 배우기 전에 먼저 친해져야 한다

영유아기에 책을 소리 내어 읽어줘야 하는 이유

부모들 대다수는 아이가 글을 읽고 쓸 줄 아는 시기가 되어야 문해력에 관심을 갖기 시작하지만, 사실 문해력의 '뿌리'가 형성되는 시기는 이보다 훨씬 이전이다. 영아기의 아이들은 글자도 모르고 말도 하지 못하지만, 부모가 들려주는 소리를 통해 단어를 인지하고 그것을 통해 사물을 구분한다. 그래서 전문가들은 아기가 태어났을 때부터 소리 내어 책을 읽어주는 것이 좋다고 말한다. 부모가 책을 소리 내어 읽어줌으로써 자연스럽게 문해친화적 환경이 만들어지고, 이에 따라 문해력의 뿌리가 자라게 된다는 것이다.

서울대학교 아동가족학과 최나야 교수 역시 "어른들은 아이가 글자를 또박또박 읽고, 받아쓰기까지 잘해야 문해력이 생겼다고 생각한다. 그런데 눈에 보이진 않지만 이미 문해력의 뿌리는 영아기 때부터 자라나고 있다. 이 뿌리가 튼튼해야 아이의 문해력이 계속 잘 성장할 수 있게 된다"라고 하면서 특히 영아기 아이들에게 소리 내어 책을 읽어주는 것이 중요하다는 점을 강조했다.

조선대학교 영어영문학과 고언숙 교수 연구팀은 생후 7개월 때 부모가 아기에게 책을 읽어준 빈도수가 6개월이 지난 생후 13개월이 되었을 때 아이의 단어 인식 능력에 어떤 영향을 미치는지에 대한 실험을 진행했다. 생후 13개월의 아이 31명에게 한 화면에 두 개의 그림을 보여주면서 그중 한 단어를 말했을 때 반응하는 아이의 시선을 추적해 들려준 단어를 인식하는지 확인하는 실험이었다.

고양이와 밥이 담긴 그릇이 나란히 등장하는 화면을 보여주면서 "고양이, 고양이 어디 있지?"라는 사람의 말소리를 들려주자 아이의 시선이 고양이로 향하면서 초록색 점이 나타났다. 아이가 '고양이'라는 음성언어와 이미지를 연결해 인식할 수 있다는 의미였다.

이렇게 아이들의 시선을 추적해 단어를 얼마나 인식하고 있는

영아기의 단어 인식을 확인하는 시선추적 실험

고양이 그림에 나타난 초록색 점은 아이의 시선이 이곳으로 향해 있음을 나타낸다. 생후 13개월의 아이는 '고양이'라는 단어를 읽고 쓰지는 못하더라도 말소리, 즉 음성언어를 듣고 인지하여 다른 사물과 구별할 수 있다. 이런 능력은 그 이전부터 부모가 책 읽어주는 소리 등 글자와 읽기에 관련된 다양한 환경에 노출되었기 때문에 생긴 것이다.

영아기 책 읽어주기와 단어 인식의 관계

생후 7개월의 아이들은 글자를 읽지도 쓰지도 못하지만 이때부터 이미 문해력의 뿌리, 즉 문해력 발달을 위한 기본 토대가 형성된다. 실험 결과를 통해서도 부모가 책을 읽어주었을 때와 그렇지 않았을 때 아이들의 단어 인식 능력에 확실한 차이가 있다는 점을 알 수 있었다. 생후 7개월 무렵 일주일에 14회 이상 책을 읽어준 아이들의 단어 인식 정확도는 58퍼센트에 이른 반면에, 한 번도 책을 읽어주지 않은 아이들의 단어 인식 정확도는 42퍼센트에 머물렀다.

단어 인식 정확도 (생후 13개월)

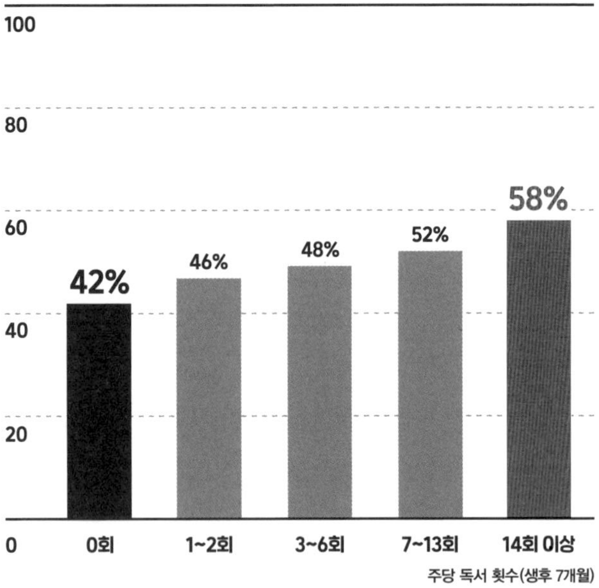

출처 | 조선대학교 영어영문학과 고언숙 교수 연구팀

지 알아보는 실험을 한 결과, 31명의 아이들에게서 놀라운 패턴을 발견할 수 있었다. 생후 7개월 무렵부터 꾸준히 책을 읽어준 아이들이 생후 13개월이 됐을 때 그렇지 않은 아이들보다 훨씬 더 많은 단어를 알고 있었다. 생후 7개월 무렵 일주일에 한 번도 책을 읽어주지 않은 아이들은 단어 인식 정확도가 42퍼센트에 불과했는데, 14회 이상 책을 읽어준 아이들은 58퍼센트에 이르렀다. 영아들에게 소리 내어 책을 읽어주는 것이 문해력의 뿌리를 튼튼하게 해준다는 사실을 확인할 수 있는 결과였다.

이 실험을 진행한 고언숙 교수는 "아이에게 책을 읽어주는 활동은 아이와 굉장히 집중해서 공통 관심사를 갖게 되는 좋은 계기를 마련할 수 있고, 그 과정에서 주고받는 어휘의 개수도 많아진다. 또 평소에 하지 않는 말을 책이라는 매개를 통해서 하게 됨으로써 어휘의 습득도 조금 더 촉진되고 자연적으로 문장도 더 잘 구사할 수 있게 된다. 그리고 이것이 초기 문해력의 발전으로 연결이 된다"라고 설명했다.

문해력의 씨앗이 싹 트는 만 4세를 주목하라

문해력은 한글의 자음과 모음을 읽고 쓰기 시작할 때부터 발달하기 시작한다고 생각하기 쉽지만, 사실은 그보다 훨씬 이전인 말소리를 인지하게 되는 영유아기부터 발달하기 시작한다. 특히 생후 48개월 무렵은 '문해력의 씨앗'이 싹트는 시기이므로 더욱 주목해야 한다.

문해력 발달에 있어 생후 48개월 무렵을 주목해야 하는 이유는 언어 능력 발달 과정과 관련이 있다. 아기들은 생후 2~3개월에 옹알이를 시작해 6~7개월 무렵에 단어로 의사소통을 하기 시작한다. 엄마만 알아들을 수 있는 옹알이를 하다가 어느 순간 '맘마'와 같은 자음과 모음이 결합된 단어를 발화하기 시작하는 이때가 바로 '말문이 트이는' 시기인 것이다. 이후 유아기 초기인 만 3세 시기에는 어휘력이 폭발적으로 늘어나면서 단어를 연결해 문장을 말할 수 있는 실력에까지 이른다. 아이들마다 차이는 있지만 대개 만 3세가 되면 언어 구사 능력이 어른의 70퍼센트까지 발달한다.

그다음 생후 48개월 전후로는 뇌에서 언어를 담당하는 두 개의 주요 영역인 '베르니케' 영역과 '브로카' 영역이 획기적으로 발달한다. 베르니케 영역은 좌뇌의 두정엽 아래에 위치하며, 브로카 영역은 좌뇌의 전두엽과 측두엽 사이에 위치한다. 베르니케 영역은 단어를 적절히 활용해야 할 때 활성화되며, 브로카 영역은 문법을 적절히 활용해야 할 때 활성화된다. 그래서 만 4세 이후부터 아이들은 문장과 문장을 연결해 말할 수 있게 된다. 그림책을 보면서 글자들이 이야기와 관계가 있다는 사실도 이해한다. 언어 능력 발달이 빠른 아이들은 그림책의 글자들을 따라 읽기도 한다.

만 4세에 문해력의 씨앗이 잘 자라도록 해주려면 아이가 똑같은 질문을 반복하더라도 정확한 발음과 표현으로 대답을 해주며 긍정적인 상호작용을 해줘야 한다. 한글 공부와 책 읽기에 흥미를 느낄 수 있도록 해주는 것도 매우 중요하다. 이 시기에 건강하게 문해력의 싹을 틔워야 이후 성인이 될 때까지 순조롭게 문해력을 향상시킬 수 있기 때문이다.

아이들은 왜 한글 공부를 힘들어할까?

만 4세인 지우는 엄마와 함께하는 영어 공부를 참 좋아한다. 엄마가 "상어는 영어로 뭐야?"라고 물으면 곧바로 "shark!"라고 대답하고, 엄마가 날치 그림을 보여주면 그것이 영어로 'flying fish'임을 금세 알아맞힌다. 알파벳 퍼즐을 이용해 단어를 만들 때는 'lobster(바닷가재)'라는 제법 긴 단어도 단숨에 완성한다.

하지만 한글 공부 시간이 되면 분위기가 완전히 달라진다. 한글에는 전혀 흥미가 없는지 엄마가 이런저런 카드들을 보여줘도 쳐다볼 생각을 안 한다. 엄마가 한글 학습지를 펼치기라도 하면 짜증을 부리거나 엄마에게 대신 해달라고 졸라댄다. 알파

벳은 이전부터 스스로 흥미를 보였는데, 한글에는 전혀 관심을 보이지 않을 뿐만 아니라 뭔가를 물어보면 하기 싫다고 거부를 하는 지우 때문에 엄마는 근심이 깊다.

최나야 교수는 그 원인을 한글에 접근하는 방식에서 찾는다. 아직 글자에 관심이 없고 준비가 안 되었을 때 딱딱한 방식으로 한글을 배우기 시작하면 아이들은 부담감이 생기고 재미를 못 느끼면서 한글 공부를 거부하게 된다. 실제로 많은 부모가 영어나 수학은 놀이와 게임을 이용해 재미있게 알려주는데 한글을 가르칠 때는 책부터 펴고 읽기를 강요하는 듯한 분위기를 만들곤 한다. 영어나 수학 공부는 여러 가지 교구와 장난감을 충분히 활용하면서 한글 공부는 학습지에 의존하는 경향이 크다. 그래서 아이들도 영어나 수학 공부는 놀이처럼 즐거운 것이라고 여겨 적극적으로 참여하는데, 한글 공부는 반복적으로 해야 하는 숙제로 인식하면서 거부하는 모습을 보이는 것이다. 지우도 영어와 수학은 재미있는데 한글은 재미없고 싫다는 의사를 분명히 표시했다.

문제는 이런 생각이 굳어지면 한글 공부는 재미없는 것이라는 인식을 갖게 되고, 이후 학습에도 부정적인 영향을 미치게 된다는 점이다. 그러므로 문해력의 첫 단추를 끼우는 영유아기에는 아이들이 글자와 친해질 수 있는 방법에 대해 진지하게 고민하고 실천해야 한다.

문해력은 소릿값 이해에서 출발한다

문해력의 시작은 소릿값을 아는 것부터

영유아를 키우는 부모들이 많이 하는 고민 중 하나는 바로 어떻게 한글을 깨치게 할 것인가이다. 대부분의 아이들은 통글자로 한글 공부를 시작한다. 그러나 통글자로 가르치는 한글 공부는 주입식 교육에 가깝다. 통글자로 한글을 익힐 경우 자음과 모음이 만나고, 또 거기에 받침 글자가 붙으면 말소리가 달라진다는 한글의 원리를 깨치지 못한 채 그냥 달달 외우게 된다. 심지어 '가방'의 '가'와 '가위'의 '가'가 같은 글자라는 사실을 알지 못하는 경우도 많다.

▌한글의 자음 14개 + 쌍자음 5개

자음	ㄱ	ㄴ	ㄷ	ㄹ	ㅁ	ㅂ	ㅅ
	기역	니은	디귿	리을	미음	비읍	시옷
	ㅇ	ㅈ	ㅊ	ㅋ	ㅌ	ㅍ	ㅎ
	이응	지읒	치읓	키읔	티읕	피읖	히읗
쌍자음	ㄲ	ㄸ	ㅃ	ㅆ	ㅉ		
	쌍기역	쌍디귿	쌍비읍	쌍시옷	쌍지읒		

▌한글의 단모음 10개 + 이중모음 11개

모음	ㅏ	ㅓ	ㅗ	ㅜ	ㅡ	ㅣ
	아	어	오	우	으	이
	ㅔ	ㅐ	ㅟ	ㅚ		
	에	애	위	외		
이중모음	ㅑ	ㅕ	ㅛ	ㅠ	ㅒ	ㅖ
	야	여	요	유	얘	예
	ㅘ	ㅝ	ㅙ	ㅞ	ㅢ	
	와	워	왜	웨	의	

문해력의 기초체력이라고 할 수 있는 읽기와 쓰기를 잘하려면 먼저 자음과 모음의 '소릿값'을 잘 알고 잘 다룰 줄 알아야 한다. 한글은 자음 19개와 모음 21개로 이루어져 있다. 이 자음과 모음의 소릿값을 이해하면 그것의 음소를 분해하거나 조립하면서 조작할 수 있는 능력이 생기는데, 이를 '음운론적 인식'이라고 한다. 예를 들어, 'ㅇ'와 'ㅗ'가 만나면 '오'가 된다는 것,

혹은 '호'는 'ㅎ'과 'ㅗ'로 나뉠 수 있다는 사실을 정확하게 아는 것이 '음운론적 인식'이다.

음운론적 인식 능력이 부족하면 문자를 읽는 것에 어려움을 느낀다. 음운론적 인식은 말소리에 대한 인식으로 시작해 문자를 해독하는 독자로 나아가는 토대를 마련해준다. 특히 유아기 아이들의 문자 해독 능력에 도움을 줄 뿐만 아니라 이후의 전반적인 읽기 발달과도 밀접한 관련이 있다.

따라서 만 4세 무렵에 음운론적 인식 능력을 키워주는 훈련을 적극적으로 하는 것이 필요하다. 앞에서 만 4세가 언어 구사 능력이 폭발적으로 발달하면서 문해력의 씨앗이 싹 트는 시기라고 했는데, 음운론적 인식이 발달하고 급성장하는 시기 역시 만 4세이다. 이 시기에 음운론적 인식을 발달시키는 훈련을 잘해두면 문해력의 기초가 단단해진다. 가장 기본이 되는 훈련은 그림책을 소리 내어 읽어주며 말놀이를 하는 것이다.

음운론적 인식 능력은 만 4세에 급성장한다

EBS 〈당신의 문해력〉 제작팀은 만 4세 유아 23명과 함께 '기초 문해력' 진단평가를 진행했다. 기초 문해력에 영향을 끼치는 요인은 무엇인지 알아보고, 기초 문해력이 높은 아이들에게서 나타나는 특징을 관찰하기 위한 실험이었다.

'기초 문해력' 진단평가는 크게 2단계로 진행되었다. 1단계에서는 '이야기 이해도'를 진단했다. 이야기 이해도는 글의 내용이 전달하고자 하는 의미를 파악하는 능력으로 문해 교육을 통해 궁극적으로 달성하고자 하는 가장 중요한 능력이다. 이야기 이해도에 대한 진단은 아이에게 그림책을 읽어주고 그 내용을 얼마나 잘 이해했는지 확인하는 형식으로 진행되었다. 가령 "주인공이 뭘 타고 갔어?", "친구들이 잡혀갈 때 기분이 어땠을 것 같아?" 등과 같은 사실적 이해, 추론적 이해, 비평적 이해를 각각 측정할 수 있는 질문을 통해 아이가 책의 내용을 얼마나 이해했는지를 파악했다.

2단계에서는 아이들의 '음운론적 인식' 능력을 진단했다. 말소리에 대한 다양한 문제들을 내주고 아이들이 어떻게 대답하는지 확인했다. 진단평가는 음절이나 음소의 첫소리를 변별할 수 있는지, 음절이나 음소가 탈락 혹은 합성했을 때 소리의 변화를 인식할 수 있는지 등을 확인하는 문제들로 구성되었다. (참고로, 음소는 단어의 의미를 구별 짓는 최소의 소리 단위로 'ㄱ, ㄴ, ㄷ……'이 여기에 해당한다. 음절은 한 번에 낼 수 있는 소리 마디로 '가, 나, 다……'가 여기에 해당한다.)

- 파리, 노래, 파도 중에서 첫소리가 다른 것은? **노래**

- 눈, 공, 길 중에서 처음 나는 첫소리가 다른 것은? **눈**
- 도깨비에서 '도' 소리를 빼면 무슨 소리가 남을까? **깨비**
- 떡에서 받침 'ㄱ'을 빼면 어떤 소리가 남을까? **떠**
- '책' 소리에 '미' 소리를 합치면 무슨 소리가 될까? **책미**
- '오리'에서 '오'를 '머'로 바꾸면 무슨 소리가 될까? **머리**

어른들은 쉽게 맞힐 수 있는 문제이지만 아이들에게는, 특히 이제 음운론적 인식 능력이 발달하기 시작하는 만 4세 아이들에게는 어렵게 느껴질 수 있다. 아직 음운론적 인식 능력이 부족한 하윤이는 대부분의 문제에서 엉뚱한 답을 했다. '파'에서 '프' 소리를 빼면 무슨 소리가 나느냐고 묻자 "시끄러운 소리 같아요"라고 대답하는 식이었다. '책' 소리에 '미' 소리를 합치면 무슨 소리가 되는지 물었더니 "아름다운 소리 같아요"라고 대답했다.

23명 아이들의 기초 문해력 진단평가 결과, 음운론적 인식 평균 점수는 46점 만점에 5.17점이었다. 100점 만점으로 환산했을 때 11점밖에 안 되는 낮은 점수였다. 이러한 결과에 대해 최나야 교수는 "아직 시간이 있으므로 성급하게 절망할 필요는 없다"라고 말하며, "음운론적 인식은 만 4세 때부터 급성장하므로 지금부터라도 적절한 노력을 기울이면 아이들의 음운론적 인식 능력은 빠른 속도로 향상될 수 있다"라고 강조했다.

말놀이로 음운론적 인식 능력을 키워주어라

기초 문해력 진단평가에 참여한 만 4세 아이 23명 중에서 승헌이는 유독 높은 점수를 받아 눈에 띄었다. 평균 점수가 5.17점이었는데 승헌이는 그보다 월등히 높은 15점을 받았다. 승헌이는 말소리의 변별, 탈락, 합성, 대치 문제 모두를 쉽게 알아맞혔다. 승헌이가 만 4세라는 사실을 고려했을 때 놀라운 수준이었다. 승헌이는 '이야기 이해도' 테스트에서도 우수한 점수를 받았다. 과연 무엇이 이런 차이를 만든 것일까?

승헌이 엄마는 직장에서 퇴근해 집으로 돌아오면 승헌이에게 그림책을 읽어준다. 그림책에 나오는 글자들만 주욱 읽어주는 것이 아니라 차가 덜컹거리는 장면에서는 몸을 앞뒤로 흔들며 차가 덜컹거리는 것 같은 기분을 느끼게 해주었다. 또 책을 읽다가 승헌이가 자신의 생각을 이야기할 수 있도록 질문을 던지기도 했다.

엄마 : 닭들은 '우리는 밀 힘이 없잖아요' 그랬어. 승헌이는 뭐라고 할 거야? 뭐라고 대답할 거야? 아저씨가 내려서 '차를 좀 밀래?' 그러면 승헌이는 뭐라고 할 거야?

승헌 : 어…… 알았다고.

엄마 : 알았다고 할 거야? 알았어요, 내가 차를 밀게요. 그럴 거야?

승헌 : 응.

엄마 : (그림을 가리키며) 모두 내려서 차를 밀었어, 이렇게.

승헌 : 닭은? 염소는?

엄마 : (그림을 가리키며) 닭도 내렸다. 토끼도 있네.

승헌 : 어, 토끼는 아까 몸이 안 좋다고 했는데.

이렇게 질문을 주고받으며 대화가 꼬리에 꼬리를 물고 이어지니 책을 읽는 시간이 훨씬 풍성해지고 즐거워진다. 그래서 승헌이는 늘 엄마와 함께 책 읽는 시간을 기다린다. 또 승헌이와 엄마는 책을 다 읽고 나면 '퀴즈 맞히기' 놀이를 이어간다. 엄마가 의성어로 말하면 승헌이가 그것이 무슨 소리인지 맞히고, 승헌이가 의성어로 말하면 엄마가 그것이 무슨 소리인지 맞힌다. 의성어로 말놀이를 하는 것이다.

엄마 : 맞힐 준비 되었나요?

승헌 : 네!

엄마 : 철컥철컥. 철컥철컥.

승헌 : 기차!

엄마 : 딩동댕! 기차 소리였어요. 또 뭐가 있을까?

승헌 : 위이잉. 위이잉.

엄마 : 정답! 태풍 소리.

승헌 : 땡!

엄마 : 정답! 회오리 소리.

승헌 : 딩동댕!

승헌이의 음운론적 인식이 수월하게 자라날 수 있었던 비결은 바로 이 '말놀이'에 있었다. 말놀이는 놀잇감 없이 말만 가지고 하는 놀이로 소리를 다루는 활동이다. 승헌이 엄마가 '철컥철컥'이라는 의성어로 말하면 승헌이가 "기차!"라고 답을 맞혔는데, 이런 것도 매우 효과적인 말놀이이다. 말놀이는 음소와 음절을 가지고 노는 것인데, 머릿속에서 음소나 음절을 더하거나 빼는 조작 과정을 거치면서 자연스럽게 아이들의 음운론적 인식이 향상된다.

아이와 함께할 수 있는 말놀이 게임

그림책을 읽어준 후 이어서 말놀이를 하게 되면 아이가 언어적 표현을 할 수 있는 기회를 얻음으로써 음운론적 인식 발달에 많은 도움이 된다. 규칙에 따라 말을 주고받는 말놀이 활동을 하면서 아이는 말의 의미를 탐색하고 그 내용을 다시 경험하면서 말의 재미와 즐거움을 느낄 수 있다. 최나야 교수는 말놀이의 중요성에 대해 "말놀이가 중요한 이유는 아이들에게 말소리에 대해 생각해보는 기회를 주기 때문이다. 이 과정에서 소리를 빼거나 더하는 경험을 반복하면서 음운론적 인식이 발달한다"라고 분석했다.

말놀이 ❶ 단어 거꾸로 말하기

가장 쉽게 할 수 있는 말놀이는 '단어 거꾸로 말하기'이다. '스파게티'는 '티게파스'로, '골프장'은 '장프골'로 거꾸로 말하면 된다. 부모들 중에는 아이가 이런 식으로 말하면 이상한 장난을 친다며 못하게 말리는 경우도 있는데, 오히려 함께 말놀이를 하면서 아이가 더 흥미를 느낄 수 있도록 해줘야 한다. 단어 거꾸로 말하기는 머릿속에서 글자를 다시 그려보는 과정이 필요한데 이것이 바로 소리를 다루는 활동이 되는 것이다.

단어 거꾸로 말하기를 시작할 때 긴 음절로 된 어려운 단어는 가급적 피한다. 처음에는 '수박'이나 '연필'같이 2음절로 된 쉬운 단어로 시작해야 아이가 즐겁게 참여할 수 있다. 놀이를 시작하기 전에 먼저 단어를 거꾸로 말하려면 어떻게 하면 되는지 이해를 시킨다. 아이가 방법을 잘 이해했다면 바나나, 단호박, 유치원 같은 3음절로 된 단어도 시도하면서 성공의 경험을 쌓게 하고, 이후에 점점 더 긴 음절의 단어에 도전하면 된다.

말놀이 ❷ 잰말 놀이

잰말 놀이도 음운론적 인식 발달에 도움이 되는 말놀이 중 하나이다. 잰말을 영어로는 '텅 트위스터(tongue-twister)'라고 하는데, 직역하면 '발음하기 힘든 어구'를 뜻한다. 잰말 놀이는 빨리 발음하기 어려운 문장을 빠르게 말하는 놀이를 가리킨다. 다음 예시처럼 비슷한 말소리로 연결된 문장을 빠른 속도로 읽으면 된다.

- 간장 공장 공장장은 강 공장장이고, 된장 공장 공장장은 장 공장장이다.
- 경찰청 철창살은 외철창살이고 검찰청 철창살은 쌍철창살이다.
- 저기 있는 말뚝이 말 맬 말뚝이냐, 말 못 맬 말뚝이냐?

잰말 놀이를 통해 자연스럽게 정확한 발음을 연습할 수 있다. 또 반복되는 같은 소리에 집중하게 되면서 음절과 음소에 민감해져 음운론적 인식 발달에 큰 도움이 된다.

특별한 도구도 필요 없고 시간과 장소 제한도 없기 때문에 어느 때나 아무 곳에서나 자연스럽게 할 수 있다. 집에서 밥 먹으면서 해도 좋고, 집 앞에서 산책하며 해도 좋다. 막히는 차 안에서 하게 되면 지루함도 달랠 수 있다. 아이도 즐겁고 문해력도 향상되는, 그야말로 일석이조의 효과를 가져다주는 놀이이다.

말놀이 ❸ 의성어-의태어 말놀이

낱말 찾기 말놀이도 있는데, 승헌이가 엄마와 함께했던 '의성어·의태어 말놀이'가 대표적이다. 엄마나 아이가 의성어나 의태어로 말하고 그것이 어떤 사물이나 동물을 나타내는지 맞히는 것이다. 함께 읽은 그림책에 나왔던 것들 중에서 예시를 들면 더욱 효과적이다. 의성어와 의태어는 '칙칙폭폭'이나 '대롱대롱'처럼 음소와 음절이 반복되며 리듬감을 갖는 단어가 많은데, 이러한 단어들을 익히면 음운론적 인식 발달에 많은 도움이 된다. 더 나아가 의성어·의태어 말놀이는 이미지를 언어로 표현하는 능력을 키우는 데에도 효과적이어서 상상력 발달에도 큰 도움이 된다.

문해력 키워주는 '소리 내어 읽어주기'

그림책 읽어주기, 언제부터 시작해야 할까?

영유아기 아이들의 문해력을 발달시킬 수 있는 핵심적인 비결은 말놀이와 '소리 내어 읽어주기'이다. 그렇다면 소리 내어 읽어주기는 언제부터 시작하는 게 좋을까? 이에 대한 전문가들의 답은 "빠를수록 좋다"이다. 아이가 태어나 목을 가누기 시작하는 100일 무렵부터 안고 읽어주기를 권장한다. 최나야 교수 역시 관련 연구를 통해 돌 이전에 부모가 책을 읽어줬던 아이들이 그보다 늦게 시작한 아이들보다 초등학교 1학년 때 '읽기 능력'이 유의미하게 높고, 글을 읽고자 하는 '읽기 동기'도 더 크다는 사실을 확인했다.

만 4세 아이들과 함께했던 기초 문해력 진단평가에서 월등히 높은 점수를 받았던 승헌이의 엄마도 일찌감치 그림책을 읽어주었다. 승헌이 엄마는 아이가 태어났을 때부터 책이랑 친한 아이가 됐으면 좋겠다는 바람을 가졌고, 그래서 생후 100일이 지날 무렵부터 누워 있는 아이 옆에서 소리 내어 책을 읽어줬다고 한다.

2014년 미국 소아과학회(AAP)는 "갓 태어난 신생아 때부터 소리 내어 책을 읽어줘야 한다"라는 권고안을 내놓았다. 처음으로 조기 읽기 교육의 중요성을 공식적으로 강조한 것이다. 생후 3년 이내에 뇌의 중요한 발달이 대부분 이루어지기 때문에 신생아에게 지속적으로 소리 내어 책을 읽어줄 경우 아이의 지적 능력이 좋아질 수 있다는 설명도 했다. 6만 2,000명에 달하는 소속 의사들에게는 부모와 아이가 병원을 찾을 때마다 소리 내어 책 읽어주기를 거듭 강조할 것을 권고했다.

기능성자기공명영상장치를 이용해 만 3~5세 유아들의 뇌 변화를 관찰한 실험도 있다. 가정에서 아이 수준에 맞는 동화책을 읽어줄 때 뇌가 어떻게 반응하는지를 살펴본 것이다. 실험 결과는 2015년 미국 소아과학회에서 발행하는 저널 〈소아과학〉에 실렸는데, 부모가 동화책을 많이 읽어준 아이의 경우 청각 및 시각 정보의 처리를 담당하는 좌뇌 쪽 일정 부위(두정엽, 측두엽,

후두엽)가 그렇지 않은 아이보다 훨씬 활발하게 반응한 것으로 나타났다. 놀라운 점은 아이가 스스로 책을 읽을 때 활성화되는 부분도 바로 이 영역이라는 것이다. 이는 누군가가 책을 읽어줄 때와 스스로 책을 읽을 때의 효과가 같음을 의미한다.

최나야 교수 역시 영유아기 아이들에게 소리 내어 책을 읽어주는 것의 중요성에 대해 강조하며 이렇게 설명했다.

"충분히 그림책을 본 아이들은 거기에서 익숙하게 여러 번 본 글자들을 '이 소리가 날 때 항상 저런 글자가 쓰여 있네'라고 알아차리기 시작한다. 스스로 글자와 소리의 대응원리를 파악하게 되면서 한글을 더 재미있고 덜 힘들게 익히는 것이다. 사실 한글은 우리의 교육 과정대로 초등학교에 가서 깨쳐도 된다. 영유아기에는 책 읽어주기로 상호작용을 하며 아이들이 좀 더 행복하고 자연스럽게 문해력의 뿌리를 키우고 튼튼하게 만드는 것이 중요하다."

지금 세계는 소리 내어 읽어주기 열풍

이미 여러 국가에서 영유아기부터 문해력을 길러주려는 노력을 기울이고 있다. 특히 소리 내어 읽어주기의 중요성을 강조하며 적극적으로 권장하기 위한 사회 시스템도 마련하고 있다. 나라도 언어도 다른 이들이 한목소리로 이야기하는 메시지는 바로 "우리 아이들에게 최대한 빨리 책을 소리 내어 읽어줘라!" 이다.

책 읽기 하면 빼놓을 수 없는 독서 강국이었던 독일에서도 아이들의 문해력 수준이 점차 낮아져 국가적인 문제가 되었다. 그래서 국가가 나서서 영유아기부터 문해력의 뿌리를 키우기 위한 노력을 기울이고 있다. 그중 대표적인 정책 프로그램이 소아과에서 건강검진과 독서 교육이 함께 이루어지도록 지원하는 '레제스타트(Lesestart)'이다. 소아과에서는 부모들에게 아이가 태어난 첫해부터 책을 소리 내어 읽어줄 것을 강조하며 아이들에게 맞는 책 읽기 자료도 제공한다. 문해력이 아이의 건강만큼이나 중요하다는 인식을 기반으로 '소리 내어 읽어주기'를 미래를 위한 투자로 보고 있는 것이다.

독일의 독서재단(Stiftung Lesen)은 '레제스타트' 프로그램의 취지를 이렇게 설명한다. "'소리 내어 읽어주기'는 단순히 책을 읽거나 그림을 보고 몇 마디 나누는 것이 아니라 아이와 함께 그림책을 들여다보면서 그 내용에 대해 질문하는 것이다. 많은 부모가 아이들이 특정 연령대가 되거나 글을 이해할 수 있고 스스로 읽을 수 있을 때 책을 읽어주면 된다고 생각하지만 책 읽기는 정말 이른 시기에 시작돼야 한다. 놀이처럼 가정 내 일상 속에서 이루어져야 한다."

영국은 소리 내어 읽어주기의 중요성을 알리기 위해 왕실까지 나섰다. 왕세자비 케이트 미들턴(Kate Middleton)은 공영방송국 BBC의 '타이니 해피 피플(Tiny Happy People)' 프로젝트에 직접 참여해 소리 내어 읽어주기의 중요성을 알리며 부모들에게 최대한 일찍 시작할 것을 권장하고 있다. '타이니 해피 피플'에서는 태아부터 만 4세까지의 영유아들 언어 능력 개발을 지원하기 위해 여러 가지 활동과 전문적인 지침 등을 제공하고 있다.

미국은 독일처럼 소아과에서 건강검진을 받는 영유아들에게 책을 선물하거나, 각계각층의 유명인사가 참여하는 프로그램을 만들어 소리 내어 읽어주기의 중요성을 알리고 있다. 영어 그림책 읽어주는 재능기부 사이트에서 진행하는 '스토리라인 온라인(Storyline online)' 프로그램에는 버락 오바마(Barak Obama), 오프라 윈프리(Oprah Winfrey)와 같은 유명인사들이 참여하고 있다.

책 읽기는 아이들을 어떻게 변화시킬까?

EBS 〈당신의 문해력〉 제작팀에서도 23개 가정과 함께 한국판 '소리 내어 읽어주기' 프로젝트를 진행했다. 12주 동안 서울대학교 최나야 교수 연구팀이 선정한 다양한 분야의 그림책 14권을 매일 아이에게 소리 내어 읽어주면서 어떤 변화가 나타나는지 살펴보기로 한 것이다. 말놀이와 책 읽어주기 방법에 관한 사례를 담은 가이드 영상도 제공해 부모들이 좀 더 수월하게 참여할 수 있도록 도왔다(그림책 읽어주기와 말놀이하는 방법에 관한 자세한 내용은 113쪽을 참조하면 된다).

소리 내어 읽어주기 프로젝트에 참여한 아이들에게 과연 어떤 변화가 일어났을까?

책에 관심 없던 연우, 책 읽으며 말놀이 즐기기 시작했다

연우는 엄마가 읽어주는 책에는 도통 관심이 없고 장난감을 가지고 놀거나 몸을 움직이는 신체활동에 대부분의 에너지를 쏟는 아이였다. 책 읽기보다 장난감 놀이에 더 몰두했던 연우는 12주 동안의 소리 내어 읽어주기 프로젝트가 끝난 뒤 몰라보게 달라진 모습으로 나타났다. 엄마가 열심히 책을 읽어줘도 시큰둥했던 이전과는 달리 스스로 읽고 싶은 책을 골라오기도 하고 자신이 좋아하는 책과 동시를 소개하기도 했다.

특히 책에 나오는 글자를 가지고 말놀이를 즐기는 모습이 인상적이었다. 책을 펼쳐서 '두' 자가 나오자 자연스럽게 '두' 자로 시작하는 낱말을 찾기 시작했다. 두부, 두더지 같은 단어들을 말하다가 엄마가 생각이 안 난다고 하자 '두웅지'가 있다고 알려주었다. 그러면서 아기새들이 사는 곳이라는 설명을 덧붙였는데, 알고 보니 '둥지'를 잘못 말한 것이었다. '둥지'를 '두웅지'로 발음한다고 착각한 모양이었다. 비록 완벽하지는 않지만 아주 좋은 신호였다. 말소리의 개념을 이해하고 있다는 의미였기 때문이다.

연우는 기초 문해력 진단평가에서 이야기 이해도와 음운론적 인식 모두 4점을 받았다. 12주간의 소리 내어 읽어주기 프로젝트가 끝난 뒤 다시 한번 기초 문해력 진단평가를 했을 때는 이전에 비해 점수가 크게 향상되었다. 음운론적 인식 점수는 4점에서 19점으로, 이야기 이해도 점수는 4점에서 20점으로 올랐다.

한글에 거부감 보였던 지우, 한글 공부를 좋아하게 되었다

그림책 읽기를 극도로 거부했던 지우는 책을 읽으며 의성어, 의태어를 가지고 엄마와 재미있게 놀이를 즐길 정도로 그림책에 푹 빠졌다. 그림책을 읽다가 엄마가 내는 문제를 척척 맞히고 책 내용을 스스로 설명할 수 있을 정도로 어휘력도 향상되었다. 지우는 영어와 달리 한글에는 극도의 거부감을 보였는데 엄마와의 책 읽기를 좋아하게 되면서 자연스럽게 한글에 대한 거부감도 사라졌다. 오히려 한글 공부가 좋다고 이야기할 정도가 되었다.

이런 변화는 기초 문해력 진단평가 점수에 고스란히 반영되었다. 지우의 음운론적 인식 점수는 23명의 아이들 중 최하점인 1점이었다. 그런데 12주간의 프로젝트가 끝난 뒤 다시 실시한 진단평가에서는 11점으로 향상되었다. 이야기 이해도 점수는 10점에서 26점으로 올랐다. 지우 엄마는 한글을 거부하던 아이가 한글을 배우고 싶다고 말하고, 배우는 속도도 점점 빨라지고 있다며 매우 만족스러워했다.

말소리를 잘 다루지 못했던 하윤이, 책 읽는 시간이 즐거워졌다

아직 말소리를 잘 다루지 못해 "'파'에서 '프' 소리를 빼면 무슨 소리가 남을까?"라는 질문에 "시끄러운 소리 같아요"라고 대답했던 하윤이도 소리 내어 읽어주기 프로젝트에 참여했다. 아빠와 함께 프로젝트에 참여한 하윤이는 이전에는 아빠와의 책 읽기 시간을 싫어했지만 프로젝트를 진행하며 책 읽는 시간을 즐거워하기 시작했다. 즐거움이 커진 만큼 점수도 높아졌는데, 이야기 이해도 점수가 19점에서 31점으로 향상되었다.

책 읽기에 흥미가 없던 예준이, 그림책을 좋아하게 되었다

예준이는 엄마가 아무리 책을 열심히 재미있게 읽어줘도 무반응일 정도로 그림책에는 관심이 없었다. 한글을 배우고 싶어하지도 않았다. "엄마가 읽어주면 되는데 내가 왜 한글을 배워야 해?"라고 말할 정도였다. 프로젝트에서 선정한 14권의 책을 보여주며 어떤 책을 먼저 읽고 싶냐고 엄마가 물어도 대답이 없었다. 할 수 없이 엄마가 고른 책으로 소리 내어 읽어주기를 시작했다. 처음에는 장난감을 가지고 놀며 계속 딴짓을 하는 등 엄마와 예준이의 '책 읽기 동상이몽'은 한동안 계속되었다. 그러다가 엄마가 프로젝트를 통해 그림책을 효과적으로 읽어주는 방법을 배우고 난 뒤에는 상황이 달라졌다. 예준이가 엄마와 함께 책 읽는 것을 좋아하게 된 것이다. 예준이는 그림책이 좋아졌다면서 앞으로 책을 많이 읽고 싶다고 했다. 프로젝트가 끝난 후 진행된 기초 문해력 진단평가에서 예준이의 이야기 이해도 점수는 11점에서 24점으로 향상되었다.

연우, 지우, 하윤이, 예준이 이외에도 프로젝트에 참여한 대부분의 아이들이 12주간의 '소리 내어 읽어주기' 프로젝트를 통해 이야기 이해도와 음운론적 인식 모두에서 의미 있는 성장을 보였다. 부모가 아이에게 매일 잠깐씩 책을 읽어주고 함께 말놀이를 해보는 것만으로도 이와 같은 결실을 맺을 수 있다는 사실은 매우 고무적이다. 문해력의 뿌리가 튼튼해지는 이 시기에 많은 자극을 주면 확실히 눈에 띄는 성장을 할 수 있다는 걸 아이들이 직접 보여준 것이다.

변화는 부모들에게도 나타났다. 책을 읽어주며 아이와 어떻게 상호작용하는지 관찰한 결과 일단 책 한 권을 읽는 시간이

소리 내어 읽어주기 전후 진단평가 점수 비교

12주간의 소리 내어 읽어주기 프로젝트를 진행한 결과, 23명의 아이들 모두 '이야기 이해도'와 '음운론적 인식' 영역에서 두 배 가까이 점수가 향상되며 의미 있는 성장을 보였다. 더욱 고무적인 것은 책 읽기를 싫어하던 아이들이 책을 가까이 하게 되었다는 점이다.

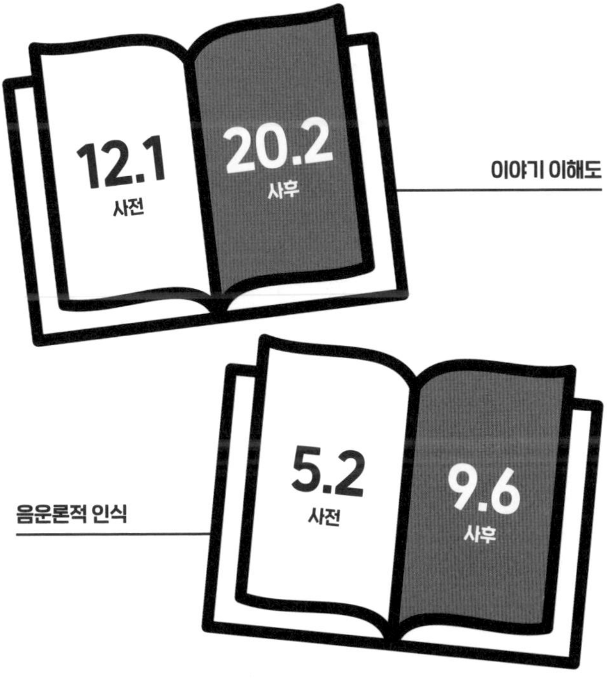

출처 | 서울대학교 아동가족학과 아동언어·인지연구실

두 배 이상 늘어난 것을 확인할 수 있었다. 또한 책을 읽으며 아이에게 하는 질문의 내용이 달라졌다. 단답형의 대답을 요구하는 질문에서 아이의 생각을 이끌어낼 수 있는 질문으로 바뀌었다. 부모의 질문이 달라지자 아이들도 책 읽기에 더 주도적으로 참여했고 책의 내용에 대해 질문하거나 말하는 양도 늘었다. 이렇게 달라진 상호작용이 아이들의 문해력 뿌리를 성장시킨 것이다.

이 프로젝트를 주도한 최나야 교수는 “지금 이 순간이 가장 빠른 시기이다. 아이가 몇 살이든 지금 할 수 있는 걸 최선을 다해서 하면 아이의 문해력은 잘 자랄 수 있다. 아이가 어떤 책을 좋아하는지 관심을 갖고 보면서 지금 할 수 있는 것들, 특히 소리 내어 읽어주는 것부터 시작하면 된다”라고 제안했다.

아이에게 책 읽어주기, 상호작용이 관건이다

문해력 키우는 책 읽어주기는 따로 있다

23명의 아이들과 함께한 12주간의 '소리 내어 읽어주기' 프로젝트는 그림책을 읽어주고 말놀이를 하는 것만으로도 문해력의 기초를 얼마나 단단하게 다질 수 있는지 다시 한번 확인하게 해주었다. 그런데 무작정 그림책을 많이 읽어준다고 해서 이런 결과를 얻을 수 있는 것은 아니다. '소리 내어 읽어주기' 프로젝트에 참여한 만 4세 아이들 중 일부는 부모와 함께 책 읽는 시간을 즐거워하지 않았다. 부모는 열심히 책을 읽어줬지만 아이들은 딴청을 피우기 일쑤였다.

이렇게 상호작용이 되지 않는 책 읽어주기는 아이들의 문해력을 성장시키기는커녕 오히려 스트레스로 작용할 수 있다. 책 읽어주기 과정에서 부모와 아이의 상호작용은 세 가지 형태로 나타난다. 아이가 먼저 질문을 하거나 자신의 경험을 이야기하는 '아동 상호작용', 부모가 아이에게 사실 확인과 같은 단순 질문을 하거나 텍스트 읽기 위주로 진행하는 '교수적 상호작용', 그리고 아이가 상상력을 발휘하며 생각의 폭을 넓힐 수 있는 질문을 하거나 아이의 반응에 대해 부모가 적극적으로 피드백을 해주는 '확산적 상호작용'이다.

'소리 내어 읽어주기' 프로젝트 연구팀이 부모가 아이에게 책을 읽어줄 때 '책 한 권당 각 상호작용의 빈도수'를 관찰했는데, 23명의 아이들 가정 모두에서 '교수적 상호작용'이 가장 많이 이루어진 것으로 나타났다.

이 세 가지 상호작용은 책 읽어주기 과정에서 동시에 나타나지만, 가장 바람직한 형태는 교수적 상호작용보다는 확산적 상호작용을 더 많이 하는 것이다. 기초 문해력 진단평가에서 최고점을 받은 승헌이의 경우를 보더라도 교수적 상호작용보다는 확산적 상호작용이 훨씬 빈번하게 나타났다.

그렇다면 과연 소리 내어 읽어주기를 어떻게 해야 확산적 상호작용이 많이 이루어질까? 다음 세 가지 부분에 중점을 두고 책을 읽어주면 쉽게 해결이 된다.

소리 내어 읽어주기에서 부모와 아이의 상호작용 관찰 결과

부모가 아이에게 책을 읽어줄 때 어떤 형태의 상호작용을 주로 하는지 각 상호작용의 빈도수를 관찰했는데, 거의 모든 가정에서 부모들이 일방적으로 질문을 던지거나 가르치는 형식의 '교수적 상호작용'이 가장 많았다. 반면에 아이가 책 내용과 관련해 스스로 생각할 수 있는 질문을 하거나 아이의 반응에 적극적으로 피드백해주는 '확산적 상호작용'의 빈도수는 매우 낮게 나타났다.

출처 | 서울대학교 아동가족학과 아동언어·인지연구실

어떻게 읽어줘야 할까? (1) 흥미를 일으켜라!

'소리 내어 읽어주기' 프로젝트의 핵심은 바로 '말놀이'였다. 그림책을 읽어주며 말놀이를 통해 음운론적 인식 능력을 발달시키는 것이 가장 우선적인 목표였다. 하지만 프로젝트 첫날부터 연우는 말놀이는커녕 엄마가 읽어주는 그림책에 전혀 흥미를 보이지 않았다. 연우가 집중하지 않는데도 엄마는 별로 개의치 않고 계속 책을 읽어주었다.

아이가 책에 흥미를 전혀 보이지 않을 때는 잠시 읽기를 멈추고 먼저 흥미를 느낄 수 있도록 유도해야 한다. 아직 보거나 들을 준비가 안 되었는데 일방적으로 책을 읽어주는 것은 아이나 부모 모두에게 도움이 안 된다.

본격적으로 책을 읽기 전에 책 표지로 호기심을 자극하면 아이가 흥미를 보일 수 있다. 표지는 그림책의 얼굴이다. 표지에 등장하는 그림에는 책 내용을 추측할 수 있는 장치들이 있다. 아이에게 그림을 보면서 책 내용을 상상해보라고 하면 자연스럽게 책에 대한 기대감을 높일 수 있다.

책 제목을 가린 채 표지에 등장하는 그림만 보고 제목을 맞혀보게 하는 놀이도 아이의 호기심을 자극할 수 있다. 이때 제목을 정확하게 맞히는 걸 목표로 삼으면 안 된다. 그림을 보고 아이가 유추하고 상상하는 과정이 더 중요하다. 책에 대한 흥미를 높이고 책 내용에 대한 호기심을 불러일으키는 것이 목표인 활동이므로 정답과 오답에 집중하지 말고 제목을 맞혀나가는 과정을 즐기면 된다.

책 제목 알아맞히는 놀이는 책에 대한 흥미를 북돋는 데서 끝나지 않는다. 아이가 책 표지에 큼직하게 쓰여 있는 글자에 집중하게 되면서 글자에 대한 호기심까지 불러일으킨다. 책 표지는 책 내용과 더불어 글자에 대한 대한 관심과 흥미를 유발할 수 있는 도구로 잘 활용할 필요가 있다.

부모가 특정 내용을 읽으면서 일부러 크게 웃는 것도 묘안이 될 수 있다. 책을 읽다가 갑자기 크게 웃으면 아무리 산만하거나 집중을 못하는 아이라도 그 이유가 궁금해 곁으로 다가오게 마련이다. 그때 왜 웃었는지 책을 보며 설명하면서 자연스럽게 아이를 이야기 속으로 안내하면 된다.

아이가 그림책에 전혀 흥미를 보이지 않는다면 일반 그림책보다 두 배 정도 더 큰 '빅북'을 이용해본다. 일단 책 크기로 관심을 끈 뒤 큰 글자와 큰 그림, 화려한 색채로 아이의 시선을 사로잡는다. 책에 친근감을 갖는 계기가 마련된다. 실제로 미국에서는 유치원생이나 초등학교 1~2학년생이 처음 읽기를 배울 때 책이 어떻게 이루어져 있고 책장은 어떻게 넘겨야 하는지를 빅북을 가지고 알려준다.

아이들에게 책 읽기에 대한 관심과 호기심을 심어주려면 책 읽어주는 방법만큼 책과 친해지도록 하는 환경도 중요하다. 한 집에는 책을 책장에 가지런히 꽂아놓았고, 다른 한 집에는 거실 여기저기에 책이 놓여 있다. 과연 어느 쪽이 책 읽는 아이들에게 더 좋은 환경일까? 최나야 교수는 후자의 집을 선택하면서 그 이유로 "어른들이 보기엔 깔끔하게 정리된 게 좋아 보이지만, 책이 여기저기 널려 있을수록 아이들이 책에 관심을 가질 기회가 늘어난다. 그래서 책 읽는 공간만이 아니라 거실이나 침대 옆 어디든 책 바구니를 두고 책 표지가 보이도록 놓으면 좋다"라고 설명했다.

어떻게 읽어줘야 할까? (2) 질문을 바꿔라!

그림책 읽기에 흥미를 보이지 않았던 아이들의 경우 소리 내어 읽어주기를 할 때 주로 교수적 상호작용이 이루어졌다. 한글 공부와 그림책 읽기를 거부했던 지우의 경우가 대표적이다. 지우 엄마는 그림책을 읽어주는 내내 지우가 책에 흥미를 느낄 틈도 안 주고 "문어 있어. 문어가 영어로 뭐지?", "고래는 영어로 뭐지?", "거북이는 몇 마리야?"라고 일방적으로 질문을 쏟아냈다.

예준이 엄마는 예준이의 반응에 아랑곳하지 않고 책을 끝까지 읽는 데만 급급했다. 아빠와 함께 참여한 하윤이 역시 "수영 연습 안 하고 놀이터에 가서 놀면 수영 못하지?", "병원 가면 주사 맞아야 해, 안 맞아야 해?"라는 단답형 질문에 "응"이라거나 "맞아야 해"라고 시큰둥하게 대답했다.

이렇게 많은 부모들이 그림책에 있는 글을 읽는 데만 치중하면서 선생님처럼 가르치려 하고 답이 정해진 단답형 질문들을 쏟아낸다. 이런 분위기에서는 아이들이 의사 표현을 충분히 하지 못하거나 궁금해도 질문을 하지 않게 된다. 또한 정답 찾기를 하느라 정작 생각의 폭을 넓힐 기회를 잃어버리게 된다.

책을 읽어주며 아이에게 질문할 때는 그 답이 정해진 것이 아닌 꼬리에 꼬리를 무는 대화로 찾을 수 있는 것이 되어야 한다. 가령《간장 공장 공장장》이라는 책을 읽은 뒤 아이에게 어떤 질문을 해야 꼬리에 꼬리를 무는 대화가 가능할까? 최나야 교수는 아래와 같은 질문들을 제안했다.

- 된장 공장 공장장 머리 위에 이건 뭘까?
- 간장 공장 공장장은 친구들이 잡혀가고 있을 때 무슨 생각을 했을까?
- 여기서 이 친구가 왜 이랬지? 엄마는 모르겠네. 네 생각은 어때?

이 질문들의 공통점은 바로 정해진 답이 없다는 것이다. 정답이 없다는 것은 아이가 자신의 생각을 자유롭게 이야기할 수 있다는 의미이다. 질문은 이런 식으로 해야 부모와 아이가 서로 질문하고 대답하면서 꼬리에 꼬리를 무는 대화를 이어갈 수 있다. 이것이 바로 확산적 상호작용이다.

하지만 자유로운 대화가 어려서부터 습관이 되어 있지 않으면 처음에는 확산적 상호작용이 좀 어려울 수 있다. 아이가 갑자기 "왜 그렇게 생각해?"라는 질문을 받으면 어떻게 대답해야 할지 몰라 오히려 짜증을 내거나 엉뚱한 소리를 할지도 모른다. 확산적 상호작용에 익숙해지려면 어느 정도 시간이 걸리고 연습도 필요하다. 아이가 적응하기 힘들어하면 질문보다는 "엄마는 이거 보고 불쌍해서 슬퍼졌어"라고 먼저 책을 읽고 난 뒤의 감정을 말하는 게 좋다. 그러고 난 뒤 아이도 자연스럽게 자신의 생각과 느낌을 말할 수 있도록 유도하면 된다.

어떻게 읽어줘야 할까? (3) 글보다 그림에 집중하라!

하윤이는 아빠와 함께하는 신체놀이는 매우 즐거워하지만 책을 읽는 것은 좋아하지 않는다. 아빠는 나름 꼼꼼하게 읽어주려고 열심히 노력하지만 하윤이는 아빠와의 읽기 시간을 지루해한다. 하윤이는 이제 막 한글을 떼기 시작해서 한 글자 한 글자 끊어서 읽는 수준인데, 아빠는 책에 나온 글자를 정확하게 읽어

▌소리 내어 읽어주기를 할 때 나타나는 세 가지 상호작용

상호작용의 종류	상호작용의 내용 (발화 및 행동)
아동 상호작용	- 부모에게 먼저 질문하기 및 말하기 - 그림책과 관련된 자신의 경험 말하기 - 그림책과 관련된 자신의 정서 표현하기 - 부모의 질문에 단순한 대답하기 ('응/아니/맞아/그래' 등) - 부모의 질문에 자신의 생각 말하기 (길게 말하는 대답) - 부모의 말 반복하여 따라 말하기 - 그림책의 내용을 활용한 말놀이하기
교수적 상호작용	- 이야기 도식 활용하기 - 그림에 나오는 사물이나 상황에 이름 명명하거나 묘사하기 - 그림책의 글에 중점을 두어 읽어주기 (본문에 있는 그대로 읽기) - 유아의 이해도를 확인하는 질문하기 (정보추구적인 질문: 무엇, 어디, 누구, 어떻게, 왜, 기능 및 행동에 대한 질문) - 유아가 이야기한 것 중 틀린 부분을 고쳐서 이야기하기 - 단답형(예/아니오)의 대답이 나오는 단순한 질문하기 - 유아의 관심을 끌기 위해 그림을 가리키며 말하기 - 그림책과 관련된 사실적인 지식과 지식에 대해 질문하고 설명하기 - 그림의 수 세기, 분류, 색깔 등과 관련된 질문과 설명하기 - 필요나 요구를 달성하기 위해 유아에게 지시하기
확산적 상호작용	- 목소리 또는 몸짓으로 역동적 재현하기 - 이후에 나오는 내용을 예측하는 질문하기 - 앞에 나온 내용과 연결되도록 질문하기 - 주인공의 행동 이유에 대해 추측하도록 질문하기 - 그림책과 관련된 사전 경험 활용하기 - 다른 매체에서 본 것 활용해 읽기 (상호 텍스트적 읽기) - 유아의 반응에 적절한 피드백 제공하기 (칭찬, 확인, 모방, 대답, 되묻기 등) - 그림책과 관련된 내용에서 유아의 의견 묻기 - 그림책 내용을 활용한 말놀이하기

출처 | 최나야 · 최지수 · 노보람 · 오태성 (2021)

주고 싶은 마음에 글자를 또박또박 읽어주곤 한다. 하지만 그렇게 글자 해독에만 치중하다 보니 내용을 이해하고 의미를 느끼며 스토리를 감상하는 재미를 느끼지 못한다.

아이가 그림책에 흥미를 느끼게 하려면 글자를 또박또박 읽어주는 것보다는 그림을 함께 보면서 이야기를 많이 나누는 것이 좋다. 특히 아직 글자를 잘 읽지 못하는 아이는 대부분 그림을 통해 내용을 이해한다는 점을 염두에 두어야 한다. 책을 읽어줄 때 아이는 부모가 들려주는 내용을 귀로 들으며 눈으로는 그림을 본다. 그러면서 자신만의 방식으로 스토리를 해석한다. 이때 아이의 머릿속에서는 부모가 들려준 내용과 스스로 해석한 내용을 연결하는 매우 복잡한 인지 활동이 일어난다.

이러한 인지 활동은 문해력 발달에 매우 중요한 역할을 한다. 이에 대해 최나야 교수는 "아이들이 글이 주는 정보와 그림이 주는 정보를 섞어서 자기 방식대로 해석하려고 할 때 이해력이 발달한다. 그리고 이와 같은 과정은 글자를 읽는 데 집중할 때보다 훨씬 더 많은 인지 활동으로 이어진다. 아이가 내용을 이해할 수 있을 때까지 상호작용을 하며 책을 읽어주면 문해력의 기초가 훨씬 더 탄탄해진다"라고 설명했다.

하지만 부모들 대다수는 그림책을 읽어줄 때 내용을 읽는 데만 급급하고, 아이가 그림을 보면서 인지 활동을 할 수 있도록 충분한 시간을 주지 않는다. '시선추적 실험'에 참여한 부모들도

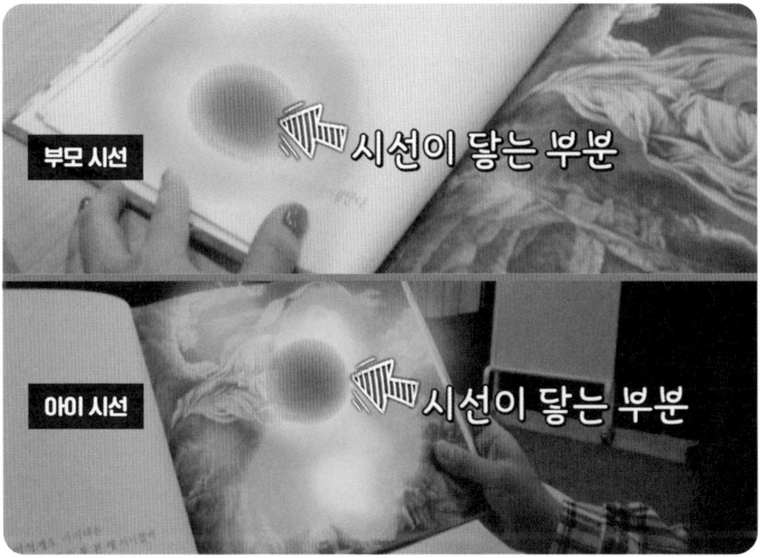

소리 내어 읽어주기에서 부모 vs. 아이의 시선 비교

빨간색으로 표시된 지점이 시선이 닿는 부분이다.
소리 내어 책 읽어주기를 할 때
부모는 주로 글자에 시선을 집중하고 아이는
그림에 집중한다는 사실을 알 수 있다.
아이는 그림책을 읽을 때 글이 주는 정보와 그림이 주는
정보를 함께 받아들이면서 이해력을 높인다.
따라서 글을 읽고 난 뒤에는 그림을 함께 보며
아이가 내용을 이해하는 시간을 갖도록 해주는 것이 중요하다.

그랬다. 그림책을 읽어줄 때 부모와 아이의 시선이 각각 어느 곳에 집중되는지 비교하는 실험을 해봤더니, 부모는 주로 글자를 집중해서 보는 반면에 아이의 시선은 대부분 그림에 가 있었다. 부모는 글자에 더 집중하는 한편 글을 다 읽은 뒤에는 바로 다음 페이지로 넘겨버렸다. 아이가 따라가기에는 책 읽기 속도가 너무 빨랐다. 당연히 아이들은 책 읽기에 재미를 느끼지 못했다.

아이와 함께 책을 읽을 때는 그림에도 집중할 필요가 있다. 글자만 보면서 책을 읽어주는 데 익숙한 부모에게 가장 추천할 만한 책은 '글 없는 그림책'이다. 글 없는 그림책은 글자가 없으니 그림으로 이야기를 할 수밖에 없다. 읽는 사람에 따라, 언제 읽느냐에 따라 내용을 다르게 받아들일 수 있다. 글 없는 그림책의 가장 큰 장점은 아이가 상상력을 마음껏 펼칠 수 있도록 해준다는 점이다.

아이에게 책을 읽어줄 때 글자만 죽 읽어주고 내용이 끝나면 급하게 다음 책을 손에 드는 부모는 책을 많이 읽어줄수록 좋다는 생각에 빠져 있을 가능성이 크다. 하지만 너무 많은 책 앞에서 아이들이 압박을 받게 되면 책을 읽는 건 힘들고 재미없는 일이라는 부정적인 생각에 빠지게 된다. 이러한 기억은 책과 멀어지는 지름길이 된다. 책 읽기는 양보다 질이 더 중요하다. 특히 유아기에는 몇 권을 읽어주느냐가 아니라 좋은 책을 어떻게 읽어주느냐에 초점을 맞춰야 한다.

그림책 읽어주며 말놀이하기

['소리 내어 읽어주기' 프로젝트]

EBS 〈당신의 문해력〉 제작팀이 '소리 내어 읽어주기' 프로젝트에서 활용한 14권의 그림책과 각각의 그림책을 읽어주며 말놀이를 할 때 아이와 어떻게 상호작용하면 좋은지에 대한 방법을 소개한다. 서울대학교 아동가족학과 아동언어·인지연구실(최나야 교수, 노보람 박사, 최지수 박사과정생, 오태성 석사과정생)에서 14권의 그림책을 선정하고 말놀이 방법을 연구, 제안해주었다. 자세한 내용을 동영상으로 확인하고 싶다면 EBS 홈페이지 〈당신의 문해력〉 '유아 자료실'을 참고하면 된다.

고구마구마

1 먼저 표지에 나오는 고구마들의 모양을 표현해본다. 길쭉한 모양, 동그란 물방울 모양, 다리가 두 개 있는 모양, 눈사람처럼 길쭉한 모양, 콩알처럼 작은 모양 등 아이가 그림을 보며 스스로 표현하는 시간을 갖는다. 고구마 모양을 표현한 뒤에는 엄마가 "이건 뭔가 특별한 고구마 이야기인가 봐. 한번 볼까?" 하면서 기대감을 갖고 책의 내용을 추측하도록 한다. 그림책의 표지에는 많은 내용이 함축적으로 담겨 있어 아이의 흥미를 유발하기 쉽다.

2 책을 읽어줄 때 주인공의 목소리를 다양하게 표현하면 아이가 그림책 읽는 시간을 하나의 놀이처럼 생각하게 된다. 몸짓을 이용하면 역동적인

책 읽기가 가능하다. 예를 들어 고구마를 뽑는 장면에서는 고구마를 쑥 뽑듯이 아이 몸을 감싼 채 잡아 올리는 동작을 하고, 고구마를 써는 장면에서는 진짜 고구마를 써는 것처럼 흉내 내본다.

3 책을 읽어줄 때 아이가 표현을 하거나 질문을 하는 등 반응을 보이면 적절하게 호응해주고 피드백을 해줌으로써 확산적 상호작용을 꾀한다.

4 책을 읽고 난 뒤에는 아이와 함께 문장 끝에 '-구마'를 붙여서 말해본다. (예: 엄마는 배가 고프구마. 밥 먹고 싶구마.) 단어 또는 문장을 길게 늘어트려서 말해보는 것도 좋다. (예: 길쭉이 고구마 → 기 - 이 - 일 - 쭈 - 우 - 욱 - 이 - 고 - 오 - 구 - 우 - 마 - 아) 말을 가지고 놀아보는 경험은 아이의 어휘력, 음운론적 인식 발달에 큰 도움이 된다.

빵이 되고 싶은 토끼

1 책 표지를 보면서 "토끼가 지금 뭐 하고 있어?", "이 빵은 어떤 맛일 것 같아?"와 같은 질문을 한다. 책 내용에 대한 아이의 호기심을 불러일으킬 수 있으며, 상상력 발달에도 큰 도움이 된다.

2 책을 읽어줄 때 재미있는 효과음을 내거나 등장인물의 목소리를 다르게 표현하면 더욱 실감이 난다. 또 아이가 하는 말에 동의를 표하거나 행동을 모방하며 적절한 피드백을 해준다. 책을 읽는 도중에 "우리도 토끼처럼 만들 수 있다면 무슨 빵을 만들어보고 싶어?", "토끼는 뭘 하려는 걸까?"와 같은 개방적인 질문을 해본다. 개방적인 질문은 답이 정해져 있지 않기 때문에 아이가 여러 가지 답을 찾아보면서 스스로 생각하는 힘을 기르도록 도와준다.

3 책을 다 읽고 난 다음에는 단어의 합성원리를 알 수 있는 말놀이를 한다. 예를 들어 세상에서 제일 큰 빵은 '거인빵', 우주에서 만든 빵은 '우주빵'이 된다. 단어의 합성원리를 이해시켰다면 아이에게 좋아하는 빵은 무슨 빵인지 물어본다. 만약 아이가 선뜻 대답하지 못한다면 엄마가 먼저 "엄마는 공룡빵이 좋아"라고 말해주고 다시 아이의 생각을 물어본다. 이런 과정을 통해 음절의 합성원리와 단어 형성원리를 이해하게 된다.

4 책에 등장하는 의성어와 의태어를 실감 나게 말해본다. '팡팡팡'이라는 의성어는 무언가 두드리는 동작을 하며 힘있게 말해보고, '폭신폭신', '보들보들'이라는 의태어는 무언가를 쓰다듬는 듯한 동작을 하며 부드러운 느낌으로 말해본다. 또 '주룩주룩'이라는 의성어는 비가 내리는 것처럼, '뾰록뾰록'이라는 의태어는 무언가 돋아나는 듯한 몸동작과 함께 표현해본다.

말놀이 동시집

1 이 책은 그림과 동시로 구성되어 있다. 동시집의 그림을 훑어보면서 아이가 직접 읽고 싶은 동시를 골라보게 한다. 직접 고른 만큼 흥미를 갖고 읽어나간다.

2 동시의 주제와 아이가 경험했던 상황 또는 매체에서 접한 것들을 접목해 이야기를 나눈다. 동시와 함께 있는 그림들을 보며 이와 관련된 이야기를 나눌 수도 있다. 예를 들어 제비 그림이 나오면 제비가 나오는 '흥부전' 이야기를 나누는 식이다. 이런 과정을 통해 그림책의 그림을 해석하고 사전 경험과 관련지어 대화를 확장하면 그림책 읽어주기의 과정이 풍부해진다.

3 동시를 읽어줄 때는 아름다운 말의 리듬을 느낄 수 있도록 리듬감을 살려서 읽는다.

4 동시를 노래로 불러본다. 기존 노래의 멜로디에 원래 가사 대신 동시를 넣어 부르거나, 동시를 활용해 새로운 노래를 만들어도 좋다. 노래와 율동으로 표현해보는 경험을 통해 그림책 읽기를 하나의 놀이로 인식할 수 있다.

5 동시에 등장하는 단어 중에서 반대말과 비슷한 말은 무엇일지 이야기를 나눠본다. 만약 '느리게'라는 단어가 등장했다면 '느리다'와 '빠르다'라는 반대말에 대해 알아본다. 동시를 '느리게' 읽거나 '빠르게' 읽어보면서 대화를 확장할 수 있다. '느리게'와 비슷한 말인 '천천히'에 대해 생각해보고 천천히 읽는 건 어떻게 읽는 건지 물어볼 수도 있다.

6 '비'라는 제목의 동시는 '맹' 자를 크게, '꽁' 자를 작게 써놓았다. 이 느낌을 살려서 큰 글자인 '맹'은 큰 소리로 읽고 작은 글자인 '꽁'은 작은 소리로 읽어본다.

7 동시에 나오는 의성어를 활용해 말놀이를 해본다. 예를 들어 '지지배배'라는 제비 울음소리가 있다면 따라 해보고, 더 나아가 다양한 새 소리를 흉내 내본다.

가나다는 맛있다

1 이 책의 표지에는 다양한 음식 그림이 등장한다. 아이와 함께 어떤 음식인지 맞혀보거나 가장 맛있어 보이는 음식이 무엇인지 물어보면서 책에 대한 흥미를 불러일으킨다.

2 그림과 글을 함께 보며 그림책을 읽는다. 감은 어떤 색깔인지, 깍두기는 어떤 모양인지 등등 그림을 보며 아이와 충분히 이야기를 나눈다. 아이의 경험과 연결해서 이야기해보는 것도 좋다.

3 책에 나오는 다양한 의성어와 의태어를 최대한 실감 나게 따라 읽어본다. 의성어와 의태어 따라 읽기는 소리의 자극을 통해 언어 감각을 향상시킬 수 있는 좋은 놀이이다. 의성어와 의태어를 소리 내어 말하면서 책 내용에 대한 관심을 유도하고 음운론적 인식 능력도 키워줄 수 있다.

4 아이가 모를 것 같은 단어가 나오면 직접 그 뜻을 물어본다. 예를 들어 '나나나는 나박나박 나박김치'에서 '나박'이 뭘 의미하는지 물어보고, 아이가 대답을 하지 못하면 "무나 배추를 납작납작 네모나게 썬 것을 나박이라고 해"라고 쉽게 설명해준다. 이때 답을 바로 말해주기보다는 아이가 생각할 수 있는 시간을 충분히 주는 것이 바람직하다.

5 책을 다 읽은 뒤에는 같은 음절 수를 가진 단어 찾기 놀이를 해본다. 예를 들어 한 글자로 된 음식 이름 맞히기 놀이를 하면서 빵, 떡, 꿀, 김, 햄, 밥 등의 단어를 찾아낸다. 두 글자로 된 동물, 세 글자로 된 과일 등으로 음절 수와 주제를 바꾸면서 다양하게 놀이를 해볼 수 있다.

6 같은 음절로 시작하는 말 혹은 같은 음절로 끝나는 말 찾기 놀이를 한다. 이때 질문과 대답 모두 멜로디를 붙여 동요처럼 불러본다. 가령 '가'로 시작하는 말 찾기를 한다면, "가, 가, 가 자로 시작하는 말은?"이라고 먼저 묻고 '가지, 가방, 가위, 가수, 가면, 가로등, 가로수' 등의 단어를 찾아 대답한다. 첫소리와 끝소리가 같은 단어를 노래하듯 나열하며 부르면 훨씬 더 빨리 자연스럽게 인식이 된다.

들어 봐! 들리니?

1 책 제목을 함께 읽어보면서 "들어 봐! 들리니? 하는 것 보니까 소리에 대한 책인가 봐" 하며 호기심을 불러일으킨다. 표지에 그려진 그림이 무엇인지에 관해 이야기를 나누면 더욱 좋다.

2 책에 나오는 의성어와 의태어를 실감 나게 들려주면서 아이가 무슨 소리인지 추측하고 알아맞히도록 충분한 시간을 준다. 책 내용에 등장하는 다양한 동물 울음소리를 따라 해본다든지, 아이의 경험을 되살리면서 "우리 그때 도토리 주웠잖아. 다람쥐가 와서 도토리를 먹으면 어떤 소리가 날까?"라는 질문을 해본다. 의성어, 의태어와 관련된 말놀이를 함께 해봐도 된다.

3 그림을 통해 내용을 유추할 수 있는 질문을 한다. 이때 아이가 대답을 제대로 못해도 곧바로 부모가 답을 말해주는 것은 바람직하지 않다. 아이가 자신의 생각을 자유롭게 이야기할 수 있도록 충분히 기다려줘야 한다. 또 아이가 자신의 의견을 말하거나 반응을 보이면 적절한 피드백을 해준다.

4 그림책 가득 커다랗게 씌어 있는 '으르렁'이라는 글자를 하나씩 손으로 짚어가며 소리 내어 읽어준다. 해당 페이지에는 '으', '르', '렁'의 세 글자가 각각 여섯 개 있는데, 각 글자가 빨간색과 노란색과 파란색으로 표시되어 있고 뒤죽박죽 섞여 있다. 이것을 같은 색깔끼리 연결해 읽으면 '으르렁'이라는 글자가 된다. 이 과정을 통해 아이가 글자의 소릿값을 파악하는 경험을 할 수 있다. 이때는 글자를 가르친다기보다는 글자가 가진 소리에 관심을 가질 수 있도록 도와주는 게 중요하다.

5 책을 읽은 뒤에는 특정 글자나 단어가 나올 때마다 정해진 동작을 하는

놀이를 해본다. 가령 문장을 읽으며 '소'라는 글자나 '소리'라는 단어가 나올 때마다 박수를 치는 것이다. '박수 치기' 외에 '보리보리쌀' 놀이도 응용해서 할 수 있다. 책 한 페이지에 특정 단어가 몇 번 나왔는지 세어보는 활동을 곁들여서 할 수도 있다.

6 의성어, 의태어에 들어간 자음을 바꿔 말해보는 활동을 해본다. 예를 들어 '샤샤샤샤'에서 각 음절의 첫소리를 'ㅇ'로 바꾸면 '야야야야'가 되고, '에에엥엥'에서 각 음절의 첫소리를 'ㅁ'로 바꾸면 '메메멩멩'이 된다.

좋은 걸까? 나쁜 걸까?

1 밝은 표정의 호랑이와 어두운 표정의 소년이 등장하는 표지를 보면서 이 책의 내용을 추측해본다. 첫 페이지에 등장하는 호랑이와 소년이 코뿔소에게 쫓기는 그림도 함께 살펴보면 상상력을 풍부하게 키우는 데 도움이 된다.

2 책을 읽어줄 때는 편안하게 읽어주되, 가끔 효과음을 내거나 목소리를 달리하여 등장인물의 특징이나 감정 상태를 표현해주면 좋다. 필요할 때는 몸짓까지 더해주면 효과가 배가된다.

3 등장인물의 기분, 행동의 이유 등을 짐작해볼 수 있는 질문을 한다. 꼬리에 꼬리를 무는 질문을 통해 아이가 사고를 확장할 수 있도록 도와준다.

4 책을 다 읽은 뒤에는 그림책에 나온 사물이나 동물을 활용해 수수께끼 놀이를 해본다. "눈은 나쁘지만 달리기를 잘하는 동물은?(코뿔소)", "빨간 주머니에 금돈이 가득한 것은?(고추)"와 같은 문제를 낼 수 있다. 스무고개

놀이를 하듯 조금씩 단서나 힌트를 주면 더 재미있다. 특히 "이 단어는 어떤 소리로 시작해"와 같은 힌트를 주면 소릿값에 대한 이해와 더불어 음운론적 인식 발달에 도움이 된다.

엉덩이 학교

1 표지를 보면서 책 내용을 상상해본다. 표지에 그려진 커다란 엉덩이를 가리키면서 아이에게 "이 엉덩이는 누구 엉덩이 같아?"라는 질문을 던져 흥미를 불러일으킨다. "여기 기다란 귀가 있는데, 그럼 누구 엉덩이일까?"라고 힌트를 주어 답을 유도하는 것도 괜찮은 방법이다.

2 책에 등장하는 '토덩이'의 이름이 왜 토덩이인지 유추해보게 한다. 아이가 자신의 생각을 이야기할 수 있도록 충분히 기다려준 뒤, 그래도 맞히지 못하면 "이건 토끼의 엉덩이잖아. 혹시 토끼의 엉덩이를 줄여서 토덩이라고 한 거 아닐까?"라고 이야기해준다. 그러고 나서 "그럼 곰돌이랑 엉덩이를 합친 이름은 뭘까?", "고양이랑 엉덩이를 합친 이름은?", "그럼 네 이름과 엉덩이를 합치면?"이라고 물어보면서 아이가 단어의 합성원리를 이해하고 직접 이름을 지어보도록 말놀이를 확장한다. 책을 읽는 도중에 대화 때문에 문장 읽기가 끊어져도 괜찮으니 여유를 갖고 읽어준다.

3 이 책의 내용과 아이의 경험담을 결합해 의성어 흉내 내기를 해본다. 아이가 자신의 방귀 소리, 엄마의 방귀 소리, 아빠의 방귀 소리, 친구의 방귀 소리, 할아버지의 방귀 소리 등(예: 뿡뿡, 바바방, 뿌오오옹)을 흉내 내며 표현하는 것은 아주 좋은 말놀이가 된다. 주변에서 의성어로 표현해볼 수 있는 소재들을 찾아 놀이로 확장하면 더욱 좋다.

4 책을 다 읽은 뒤에는 입으로 표현한 소리를 듣고 무슨 소리인지 알아맞히는 놀이를 한다. 예를 들어 '똑똑똑', '꼬르륵꼬르륵', '쿠르릉 쾅쾅'과 같은 의성어를 말하고 무슨 소리이냐고 질문하면 아이가 "문 두드리는 소리"라고 대답할 수 있도록 하면 된다. 반대로 "기차에서는 어떤 소리가 날까?"라고 묻고 아이가 "칙칙폭폭"이라고 답을 하도록 유도해도 좋다. 우리 주변에는 의성어로 표현할 수 있는 다양한 것들이 있는데, 소리 맞히기 놀이는 표음 능력이 뛰어난 한글의 기능을 체험해볼 수 있게 해준다. 의성어가 주변의 소리를 어떻게 담아내는지 확인하면서 다양한 어휘를 인식하고 소리에 대한 감각도 키울 수 있다.

엄마가 너에 대해 책을 쓴다면

1 엄마, 아빠, 아이를 한 단어로 표현한다면 어떤 단어로 말할 수 있는지 물어본다. "엄마는 책을 쓴다면 ○○이를 한 단어로 '보물'이라고 하고 싶어. ○○이는 책을 쓴다면 엄마를 뭐라고 쓰고 싶어?"라고 질문하면 된다. 이때 명사로 표현해도 좋고 '해맑은'과 같은 형용사나 '즐거움으로 가득한 아이'처럼 구(句)로 표현해도 좋다.

2 책을 읽다가 어려운 단어가 나오면 쉽게 풀어서 설명해준다. 예를 들어 '심지가 올곧은 아이'라는 문장이 나오면, 우선 심지란 양초의 불붙이는 실을 가리킨다는 것을 알려주고, '심지가 올곧다'라는 표현은 "중심이 잘 잡혀 있어서 어떤 상황에서도 흔들리지 않는 것을 뜻한다"라고 아이가 이해할 수 있는 말로 이야기해준다. '마음이 따스한 아이'를 설명할 때도 "친구가 속상해하면 괜찮냐고 물어봐주고, 친구가 넘어지면 손잡고 일으켜주는 따뜻한 마음을 가진 아이"와 같은 식으로 아이 눈높이에 맞춰 말해준다.

3 같은 접두사와 접미사를 찾는 놀이도 어휘력을 향상시키는 아주 좋은 활동이다. 책에 '풋풋하다'라는 단어가 등장하는데, 풋풋하다는 것은 덜 익어서 파릇파릇한 상태를 의미한다고 알려주고 '풋-'이라는 접두사가 들어간 단어를 찾아본다. (예: 풋사과, 풋고추, 풋잠, 풋내기) 또 책에서 '귀염둥이'라는 단어를 만나면 '-둥이'라는 접미사가 등장하는 단어를 찾아본다. (예: 귀염둥이, 사랑둥이, 쌍둥이) 책에 나오는 단어 외에 다른 접두사나 접미사를 활용해보는 것도 추천한다.

큰일 났다

1 이 책의 면지에는 '사건 지도' 그림이 그려져 있어 책 내용을 함축해 보여준다. 이 그림을 탐색하면서 책의 내용을 추측해볼 수 있다. 면지는 책의 앞뒤 표지 안쪽에 있는 지면으로 대개 본문보다 두꺼운 용지를 사용한다. 특히 그림책에서는 면지가 중요한 구성 요소로 책의 내용을 짐작할 수 있는 그림이 들어가 있는 경우가 많다. 따라서 그림책을 읽어줄 때는 면지도 그냥 지나치지 말고 잘 살펴보는 것이 좋다.

2 이 책에는 여러 가지 의태어가 등장하는데, 의태어를 몸으로 표현하면서 생동감 있게 읽어본다. 예를 들어 '덩실덩실'은 실제로 덩실덩실 춤을 추는 듯한 느낌을 살려 몸으로 표현하며 읽는다. 의태어를 몸으로 표현해보면 어휘를 인식하고 이해하는 데 도움이 되며, 이는 나중에 어휘력 향상으로 이어진다.

3 그림을 활용해 책을 읽으며 아이에게 다양한 '확산적' 질문을 해 창의적으로 생각할 수 있는 기회를 제공한다. 질문을 통해 상호작용을 할 때는 자연스럽게 대화를 하듯 물어보는 게 좋다. 그래야 편안한 상호작용이 된다.

단답형의 정답이 정해져 있는 질문은 대화를 단조롭게 하고 마치 학습 과제인 양 인식하게 만들어 역효과가 발생할 수도 있다.

4 글밥이 많을 경우 아이가 책 내용을 제대로 이해하지 못할 수도 있다. 이럴 때는 그림을 보며 내용을 추측해보는 시간을 갖는다. 그림을 활용해 내용을 상상해보는 경험은 이해력을 높여주고 창의적으로 사고할 기회를 제공한다.

5 책에 나오는 단어를 이용해 아이와 함께 끝말잇기를 해본다. (예: 개암-암소-소나무-무대) 끝말잇기 놀이는 끝음절, 첫음절에 주목하도록 도와 음운론적 인식을 높여주고, 여러 가지 단어를 떠올려 사용하게 함으로써 어휘력 증진에도 도움을 준다. 또한 창의력, 집중력, 작업기억을 향상시킨다. 아이가 적절한 어휘를 찾는 걸 어려워할 때는 일상적인 사례를 통해 해당 단어를 떠올릴 수 있도록 힌트를 준다. 끝말잇기 놀이를 확장해도 좋다. 예를 들어 끝말잇기에서 연달아 나온 단어 두 개를 이용해 문장을 만들어본다. (예: 개암, 암소 → 개암이 암소한테 데굴데굴 굴러갔어요) 이런 놀이를 통해 문장을 만들어보면 문장의 형태나 구조에 관한 규칙을 자연스럽게 깨칠 수 있다.

딩동 거미

1 책 표지를 보며 아이에게 "이 거미는 왜 '딩동 거미'라고 불렀을까?"라고 물어보면서 책 내용을 추측해본다. 그리고 "'딩동'과 비슷한 말이 뭐가 있을까?"라고 질문해본다. 아이의 어휘력도 높여주고 단어와 관련된 이야기도 자연스럽게 나눌 수 있다. 이때 아이가 충분히 생각한 다음 대답을 할 수 있도록 시간을 넉넉하게 주면서 상호작용을 해야 한다. 만약 아이가 잘 대답하지 못하면 "문제를 냈을 때 상대방이 맞히면 어떤 소리를 들려

주지?"라고 힌트를 줘서 '딩동댕' 이라는 단어를 떠올릴 수 있도록 한다.

2 책에 등장하는 다양한 거미의 몸짓을 몸으로 똑같이 표현해보는 시간을 갖는다. 그림책 속 등장인물의 몸짓을 관찰하고 따라 해보면서 관찰력과 표현력을 키울 수 있다.

3 그림을 분석하면서 "거미가 오늘도 문제를 내고 또 사탕을 가져가려고 하는 게 아닐까?", "개미들이 왜 이렇게 눈을 동그랗게 뜨고 쳐다보고 있을까?", "거미가 도넛을 가져갔을 때 개미들 기분이 어땠을까?"와 같은 열린 질문을 통해 확산적 상호작용을 한다.

4 같은 음절로 끝나는 단어를 찾아본다. (예: '거미'와 '개미'처럼 '미' 자로 끝나는 말은 뭐가 있을까?) 먼저 책에서 찾아보고, 그다음은 책에 나오지 않는 단어도 찾아본다. 이런 활동은 단어의 끝음절에 주목하게 하여 음운론적 인식을 발달시키고, 다양한 단어를 떠올리게 하면서 어휘력도 높여준다.

5 받침 없는 단어 찾기와 받침 빼기를 해본다. 먼저 받침이 없는 단어를 찾아보는 놀이를 한 뒤 (예: 너무, 나도, 개미 등) 받침이 있는 단어는 끝소리인 종성을 빼고 읽어본다. (예: 딩동거미 → 디도거미, 거미줄 → 거미주) 단어의 받침에 주목하는 놀이는 음소 단위에 집중하게 해 음운론적 인식 능력의 발달을 돕는다.

간장 공장 공장장

1 그림을 보면서 내용을 추측해보는 경험은 시각적 문해력의 증진을 돕는다. 그림을 관찰하고 묘사하는 경험을 통해 관찰력이 증진되고 언어로 표현하는

능력이 향상되기 때문이다. 아이가 그림을 보면서 의견을 말하면 그 표현을 수용해주고 적절하게 반응한다. 이런 과정을 통해 책에 대한 흥미도 높아진다.

2 글을 읽는 데만 초점을 두지 말고 아이와 이야기를 나누면서 재미있게 읽는 것을 목적으로 한다. 만약 아이가 질문을 하면 함께 고민하며 답을 찾아본다. 예를 들어 아이가 "근데 사람들이 또 간장 사러 오면 어떡하지?"라고 물으면 "그러게 말이야. 간장공장공장장이 얼른 다시 주문해야겠다"와 같은 식으로 대답하면 된다. 꼬리에 꼬리를 무는 질문과 대답을 하면서 즐거운 시간을 보낼 수 있다.

3 사전 지식과 경험을 토대로 답을 찾아보는 활동에 도전해본다. 가령 "간장 맛은 어떻지?"라고 질문을 하면 아이는 기존에 습득했던 지식과 경험을 토대로 답을 찾으면서 그림책을 해석해볼 수 있다. 사전 지식과 질문을 잘 연결하지 못하면 "예전에 계란밥에 간장을 넣었더니 어떤 맛이 났는지 기억해?"라고 물으며 도와줘도 된다.

4 그림들을 몸으로 표현해보며 관찰력과 표현력을 기를 수 있다. 주인공의 표정을 따라 해보는 것도 재미있는 놀이가 된다.

5 책을 다 읽은 뒤에는 잰말 놀이에 도전해본다. 발음하기 어려운 구절을 빠르게 말하는 잰말 놀이를 통해 정확한 발음을 연습할 수 있다. 처음에는 또박또박 천천히 읽고, 익숙해지면 조금씩 빠르게 읽는다. 그림책 뒤쪽에 다양한 잰말 놀이를 소개하고 있으니 참고하면 된다.

6 잰말 놀이 문장에서 같은 음소가 들어 있는 음절을 찾아본다. 예를 들어 '간장공장공장장'에서 'ㅇ' 받침이 있는 글자를 찾는다든가, '그린 기린 그림'에서 모음 'ㅣ'가 들어간 글자를 확인하는 방식으로 놀이를 한다. 같

은 소리 찾기 놀이를 하면 음절과 음소에 민감해지면서 음운론적 인식 발달에 도움이 된다.

훨훨 간다

1 아이들이 책 읽기 활동에 몰입하려면 준비 과정이 필요하다. 표지를 요리조리 살펴보면서 "누가 나오는 책 같아?"와 같은 질문을 통해 책에 대한 호기심을 불러일으켜 아이가 책 읽기 활동에 집중할 수 있도록 도와야 한다.

2 아이와 함께 책을 읽을 때는 내용 추측, 사전 경험 탐색 등과 같은 질문을 통해 그림책에 대한 흥미를 높이고 창의적으로 생각해보는 경험을 해보게 하는 것이 중요하다. 초가집이 등장하면 "우리 초가집 본 적 있나?"라고 물으면서 경험을 떠올리게 하고, 할머니의 행동을 보며 "할머니가 뭐 하시려고 그러지?"라고 질문하면서 내용을 추측할 수 있도록 해주면 된다.

3 생소한 단어가 나오면 아이에게 쉽게 설명해준다. 예를 들어 '길쌈'이라는 단어는 아이에게 낯선 말일 수 있으므로 "길쌈이 뭐게?"라고 물은 뒤 책의 그림을 보여주면서 "길쌈은 옷감을 짜는 거야"라고 이야기해준다.

4 이 책에는 움직임을 표현하는 다양한 의태어가 등장한다. "훨훨 온다!", "성큼성큼 걸었어요"와 같은 다양한 의태어를 생동감 있게 읽은 뒤 몸으로 표현해본다. 책에 등장하는 의태어를 직접 몸으로 표현해보면 어휘에 대한 이해력이 늘고 재미있게 그림책을 읽을 수 있다.

5 아이와 함께 걷거나 뛰는 모습을 나타내는 다양한 의태어를 찾아본 다

음 각각의 의태어를 몸으로 표현해본다. 예를 들어 퀴즈 형태로 "거북이는 어떻게 걷지?"라고 물어봤을 때 아이가 "엉금엉금!"이라고 대답하면 엉금엉금 걷는 것이 어떤 모습인지 몸으로 표현할 수 있도록 도와준다.

곰 사냥을 떠나자

1 그림을 활용해 이야기 전개를 상상하고 표현할 수 있게 해준다. "물이니까 지나갈 수가 없대. 그럼 어떻게 건너면 되지?"라고 물어보면 아이가 "신발 벗고 강물을 헤엄쳐서 건너면 되잖아"라고 대답하는 식으로 대화를 주고받으며 확산적 상호작용을 할 수 있다.

2 다른 등장인물의 입장에서 생각해보는 시간을 갖는다. "근데 아빠 생각에는 곰이 잡아먹으려고 하는 것 같지 않고 같이 놀자고 하는 것 같은데?"라고 말하면서 아이는 어떻게 생각하는지 묻는다. 이때 아이가 자신의 생각을 말로 표현할 수 있도록 충분히 기다려주고, 어떤 말이든 자유롭게 해도 괜찮다고 격려해준다.

3 책에 나오는 반복되는 구절을 노래 가사로 바꿔본다. 예를 들어 "곰 잡으러 간단다. 큰 곰 잡으러 간단다. 정말 날씨도 좋구나! 우린 하나도 안 무서워"라는 구절을 산토끼 노래 멜로디에 맞춰 불러본다.

4 이 책에는 다양한 의성어와 의태어가 등장한다. 의성어와 의태어를 실감 나게 읽어주면서 비슷한 의성어 또는 의태어의 바뀐 소리 찾기 놀이를 시도해본다. 예를 들어 '덤벙'과 '텀벙'이라는 글자를 보며 첫소리 'ㄷ'이 'ㅌ'으로 바뀐 것을 찾아내는 놀이이다.

5 그림책에 나온 문장에서 음절을 하나씩 빼고 읽어보는 놀이를 한다. 아이의 이해를 돕기 위해 글자를 하나씩 손으로 가리고 소리 내어 읽어주는 것이 좋다. 예를 들어 '큰 곰 잡으러 간단다' 에서 '다' 자를 손으로 가리고 '큰 곰 잡으러 간단' 까지만 읽으면 된다.

하회탈 쓰고 덩실

1 표지를 보며 "하회탈을 쓰고 있는 사람들은 지금 뭐 하고 있을까?", "이 커다란 나무는 뭘까?" 라는 질문을 하면서 내용을 추측해본다. 정답을 찾는 게 아니므로 자유롭게 상상하도록 도와주면 된다. 그러고 나서 "그게 맞는지 책을 한번 읽어볼까?"라고 자연스럽게 흥미를 유발하며 책 읽기를 시작하면 된다.

2 그림책은 글뿐만 아니라 그림을 통해서도 내용을 전달한다. 그림을 하나하나 설명해주면서 생동감 있게 글을 읽어주면 아이들이 그림책 읽는 것을 과제처럼 느끼지 않는다.

3 이 책에는 평소 아이가 접하기 힘든 생소한 단어들이 등장한다. 낯선 단어가 나오면 주변의 친근한 소재나 상황들을 예로 들면서 쉽게 설명해줘야 한다.

4 확산적 질문이 생각하는 힘을 기르게 해준다면, 사실적 질문은 책의 내용에 대한 이해도를 높이는 데 도움을 준다. 사실적 질문은 답이 여러 개일 수 있는 확산적 질문과 달리 답이 정해져 있다. 중간중간 "허 도령이 왜 탈을 만들었어?", "누가 허 도령에게 그런 탈을 만들라고 했지?", "이매탈은 왜 턱이 없을까?"와 같이 사실을 확인하는 질문을 적재적소에 섞어서 해주

면 책의 내용을 좀 더 구체적으로 이해하는 데 도움이 된다.

5 책을 다 읽은 다음에는 책에 나온 단어를 활용해 '거꾸로 말하기'를 해본다. (예: 나무 → 무나, 덩실 → 실덩, 하회탈 → 탈회하) 아이가 충분히 적응할 수 있도록 짧고 쉬운 단어부터 시작한다. 익숙해지면 일상생활에서 쓰는 다양한 단어, 더 긴 단어로 시도해본다. 단어를 거꾸로 말하려면 음절에 집중해 글자를 뒤집어야 하기 때문에 작업기억과 음운론적 인식 발달에 도움이 된다.

6 그림책에 나온 문장을 듣고 따라 읽으며 서로에게 전달해본다. (예: '오리 나무를 적당한 크기로 쓱싹쓱싹 잘랐지요.' 문장을 듣고 그대로 전달하기) 엄마에게 들은 내용을 아빠에게 전달하는 식으로 진행해도 된다. 문장을 듣고 따라 읽으며 그대로 전달하는 '말소리 듣고 전달하기 놀이'를 하면 조음 능력과 음운론적 작업기억 능력이 향상된다.

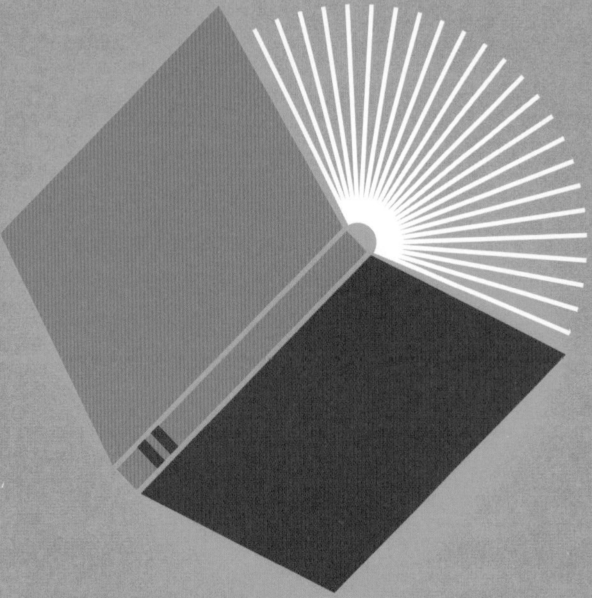

| 제3장 |

학령기, 문해력 격차를 따라잡을 골든타임

초등 2학년을 문해력 발달의 골든타임으로 보는 이유는 3학년부터 본격적인 학습을 위한 읽기가 시작되기 때문이다. 읽기 능력 격차는 공부에 대한 흥미까지 빼앗아버린다. 아이들의 읽기 능력을 진단하고 읽기 부진을 만회하기 위한 '읽기 따라잡기' 개별화 수업을 진행했다. 아이들은 적절한 시기에 적절한 교육을 받으면 문해력이 얼마든지 향상될 수 있다는 점을 보여주었다.

초등학교 교실에서 만난 문맹자들

한 글자도 제대로 쓰기 어려운 초등 1학년 영진이

초등학교 1학년인 영진이는 학교에서 1학년 아이들 93명을 대상으로 실시한 '초기 문해력' 진단평가에 참여했다. 초기 문해력 진단평가는 청주교육대학교 엄훈 교수가 초등학교 1~2학년 수준으로 설계한 '초등용 초기 문해력 진단지'를 활용해 이루어졌다.

초기 문해력 진단평가는 자모 이름 대기, 단어 읽기, 읽기 유창성, 단어 받아쓰기 등 총 네 가지의 소검사를 차례대로 진행하며 실시했다. '자모 이름 대기' 검사에는 겹자음과 이중모음

전체가 포함되었다. '단어 읽기'는 아기, 나비와 같은 아이들에게 친숙한 단어부터 현실에 존재하지 않는 벙미, 조번 같은 단어까지 포함했다. 이런 단어를 포함한 이유는 아이들이 이미 익숙한 단어를 통문자로 인지하는지 자모음의 소릿값을 정확하게 알고 읽는지 확인하기 위해서였다. 단어 읽기에서는 총 24개 문제가 출제되었다. '읽기 유창성'은 정해진 시간 안에 지정된 글을 얼마만큼 정확히 읽는지로 확인했다. 점수는 30초 동안 읽은 음절 수에서 오류(생략 또는 대체)를 보인 음절 수를 빼서 산출했다. '단어 받아쓰기'는 교사가 불러주는 단어를 맞춤법에 맞게 쓰는지 확인하는 검사였는데, 총 10문제가 출제되었다. 단어 읽기와 마찬가지로 이모, 아침처럼 친숙한 단어부터 고티, 농갑

▌초기 문해력을 진단하는 네 가지 소검사

자모 이름 대기	단어 읽기
한글의 자음과 모음을 알고 있는지 측정한다. 목록에 있는 자음과 모음을 순서대로 가리키고 3초 이내에 말하지 못할 경우 오답으로 처리한다.	주어진 단어의 소릿값을 정확하게 알고 읽는지 확인한다. 목록에 있는 순서대로 단어를 가리키고 3초 이내에 읽지 못할 경우 오답으로 처리한다.
읽기 유창성	**단어 받아쓰기**
정해진 시간 안에 지정된 글을 얼마만큼 정확하게 읽는지 확인한다. 생략한 글자, 첨가하거나 반복해서 읽은 글자가 있는지 등도 확인한다.	불러주는 단어를 한글 표기 체계에 맞게 적는 능력을 측정한다. 친숙한 단어부터 현실에 존재하지 않는 단어까지 포함한다.

처럼 현실에 존재하지 않는 단어도 포함했다.

영진이는 단어 받아쓰기에서 오직 자신의 이름만 자신 있게 썼고, 10개 문제 모두 답을 쓰지 못했다. 1번 문제에서 '이모'를 쓰라고 할 때 '이' 자 한 글자만 받아썼을 뿐 나머지는 쓰지 못했다. 2번 문제는 '조개'였는데, "모르겠어요"라며 고개를 가로저었다. 선생님이 옆에서 아는 글자만이라도 쓰면 된다고 격려했지만, 영진이는 더욱 의기소침해졌고 쉽게 답을 쓰지 못했다.

영진이는 한글의 자음과 모음을 읽는 문제 역시 절반도 맞히지 못했다. 처음에 ㄱ(기역)을 읽었지만 그다음에 'ㅁ'을 가리키자 고개를 가로저으며 읽지 못했다. 선생님이 모음 중에서 아는 글자가 있냐고 물어보자 'ㅕ'를 가리켰다. 자신의 이름에 들어가는 글자라고 말하면서도 읽지는 못했다. 단어 읽기 문제에서는 24개 단어 중 '아기'라는 단어 1개만 읽었다. 30초 동안 긴 글을 읽어보는 검사에서도 유창하게 술술 읽어 내려가는 다른 아이들과 달리 영진이는 8개 글자를 읽는 데 그쳤다.

초기 문해력 진단평가 결과 영진이는 자모 이름 대기, 단어 읽기, 읽기 유창성, 받아쓰기에서 거의 0점 또는 1점에 가까운 점수를 받았다. 진단평가를 받은 93명의 초등학교 1학년 학생들 중 최하위에 속하는 수준이었고, 정상적으로 수업 진도를 따라가기 어려운 상태였다.

영진이 외에도 '초기 문해력' 진단평가에 참여한 아이들 가운데 10명 중 2명 이상이 문해력 발달에서 또래보다 뒤처지는 '기초 미달' 수준으로 나타났다. 미국의 전미아동교육협회(NAEYC)에서 발표한 자료에 따르면, 개별적인 특성과 경험의 차이 때문에 일반적으로 초등학교 1학년 아이들의 읽기 수준이 약 5년까지 차이가 난다고 한다. 초등학교에 입학했을 때부터 아이들의 출발선이 이미 다르다는 의미이다.

최나야 교수는 초등학교 1학년 아이들의 문해력 격차에 대해 이렇게 설명했다. "문해력의 발달이 눈에 보이기 시작하고 중요해지는 시기가 바로 유아기부터 초등학교 저학년까지이다. 취학 전에 음운론적 인식의 기반을 다져놓지 않으면 초등학교에 들어가서도 한글을 배우기가 쉽지 않은 상황이라고 볼 수 있다. 이후에 읽기와 쓰기 부분에서 조금씩 어려움이 생기면 시간이 갈수록 그 격차가 커진다."

알림장 쓰는 것을 어려워하는 2학년 수찬이

초등학교 2학년인 수찬이는 어려운 단어도 많이 알고 역사부터 과학, 예술에 이르기까지 여러 분야에서 박학다식하다. 과학상자 놀이를 통해 전기 만드는 원리를 깨치는 것을 좋아하는 꼬마 과학자이기도 한데, 전선을 갖고 놀다가 '심장 제세동기'가 생각난다고 말하기도 했다. "이거 보니까 심장 제세동기 생각이 나요. 심장이 멈췄을 때 패드를 붙여서 이걸 연결하면 사람을 살릴 수 있어요." 또 수찬이는 18세기의 민화를 감상하고 따라서 그리기도 했다. 그러면서 "민화는 옛날에 김홍도가 그린 그림과 비슷한 그림을 말해요"라고 설명했다.

이렇게 지적 호기심이 많고 다재다능한 수찬이에게는 놀라운 반전이 있었는데, 바로 글자를 읽는 데 어려움을 느끼고 있다는 점이었다. 《헬렌 켈러》라는 책을 읽으면서 헬렌 켈러를 '셀린 컬러'로 잘못 읽고, 헬렌 켈러가 어떤 장애를 가졌는지 묻자 "음…… 장애가 뭐였더라?" 하며 책을 다시 읽어보더니 "장애인데, 무슨 장애인지는 안 쓰여 있는데요"라고 대답했다. 책에는 '보거나 듣지 못하는'이라는 표현이 있었다. 읽을 줄은 알지만 의미까지는 이해하지 못하는 것이었다.

수찬이는 경험을 통해 어휘를 습득해 말로 하는 언어 발달은 매우 높은 수준에 이르렀는데, 글을 정확하게 읽고 이해하는 문해력 측면에서는 어려움을 겪고 있는 상황이었다. 보통 말을 잘하면 글도 잘 읽을 것으로 생각하지만, 수찬이의 경우를 보더라도 말하기와 읽기는 다른 문제라는 걸 알 수 있다.

집에서 국어 과목 온라인 수업을 들으며 '교과서를 읽고 자기 생각 써보기'를 하는 수찬이를 관찰해보았다. 수찬이는 자기 생각을 쓰기보다는 선생님이 쓴 모범답안을 보고 따라 썼는데, 그런데도 틀린 글자가 많았다. 수찬이 스스로도 "온라인 수업에 나온 거 보고 썼어요"라고 대답했다. 한눈에 보기에도 읽기와 쓰기에 어려움이 많다는 사실을 알 수 있었다. 온라인 수업이 진행될 때는 선생님에게 질문하거나 도움을 받기도 어려운 상황이어서 더 힘들어하는 것이 느껴졌다.

수찬이 엄마는 아이가 수업을 잘 따라가지 못해 운 적이 있다면서 "읽는 건 할 수 있는데 쓰는 게 안 되다 보니 알림장 적는 것도 힘들어하고, 다른 아이들이 다 집에 갈 때 혼자 남아서 써야 하니까 억울하기도 하고 속상하기도 해서 눈물이 났다는 얘기를 들었다"라며 속사정을 전해주었다. 초기 문해력 진단평가 결과 수찬이의 문해력은 초등학교 2학년 평균에 한참 미치지 못하는 수준이었다.

수찬이는 자음과 모음의 소릿값을 정확히 알고 읽기를 하는 것이 아니라 낱말을 그림처럼 통째로 외우고 그것을 기반으로 책에 나온 그림 등 상황을 파악해 추측하며 글을 읽었다. 이에 대해 조병영 교수는 "수찬이가 쓰고 있는, 책에 있는 그림을 단서로 해서 의미를 파악하는 전략은 좋은 읽기 전략이다. 하지만 학년이 올라갈수록 글자 수가 많아지고 내용도 복잡해지면 그림만으로 의미를 파악하는 게 어려워진다. 긴 글을 읽으려면 우선 글자를 정확하게 읽을 수 있어야 한다"라고 설명했다.

글자는 읽을 줄 알지만 의미는 모르는 6학년 수호

초등학교 6학년 수호는 "이 세상에서 가장 싫은 과목은 첫 번째가 영어이고, 두 번째가 수학이고, 세 번째가 체육 빼고 전부"라고 말할 정도로 공부를 싫어한다. 수학 단원평가가 있는 날에도 낑낑대며 한참을 고민하더니 결국 주위를 둘러보며 먼 산을 보다가 연필을 내려놓았다. 할 수 있는 만큼 열심히 문제를 풀려고 노력했지만 뜻대로 되지 않는 상황으로 보였다. 예상했듯이 수학 시험 결과는 좋지 않았다. 대부분의 아이들이 15개 문제 중에서 10개 이상을 맞혔지만, 수호는 3개밖에 맞히지 못했다.

수호의 수학 시험지를 살펴보니 문제를 풀어보려고 애쓴 흔적을 확인할 수 있었다. 모든 문제를 풀려고 시도했고 노력하지 않은 문제는 없었다. 수호의 수학 시험지를 채점한 선생님은 "수호는 식이 틀린 거지 계산이 틀리지는 않았다"라고 말했다. 즉 기본적인 계산 능력은 있지만, 어떤 수학식으로 문제를 풀어야 할지 알지 못했던 것이다. 이는 수학 문제의 의미를 파악하고 어떤 답을 요구하는지 이해하는 능력이 부족해서 생긴 문제이다.

시험이 끝나고 이어진 수업 시간을 관찰한 결과 수호는 좀처럼 집중을 하지 못했다. 교과서도 엉뚱한 곳을 펼쳐놓고 있어서 선생님이 짚어줘야 했다. 선생님이 문제를 읽어보라고 하자 빠르게 교과서 내용을 읽었다. 특이한 점은 '끊어 읽기'를 하지 않는다는 것이었다. 끊어 읽는다는 것은 문장의 의미를 이해하며 읽는다는 것이다. 수호가 끊어 읽기를 하지 않는다는 것은 문장을 이해하지 못한 채 그냥 읽는다는 것을 의미했다.

담임인 진영준 교사는 "수호가 글 읽는 모습을 보면 끊어 읽기 없이 처음부터 끝까지 줄줄 읽는다. 읽고 나서 문장의 의미를 물어보면 모르는 경우가 꽤 많다. 수호한테는 '빠르게 읽으면 잘 읽는 것'이라는, 읽기에 대한 오개념이 많이 생긴 것 같다"라고 수호의 문제점을 조심스럽게 짚었다.

수학 시간이 끝나고 3교시 국어 시간이 되었는데, 자기 생각과 느낌을 단어나 문장으로 표현하는 수업이 진행되었다. 단번에 생각을 써 내려가는 아이들과 달리 수호는 한 글자도 쓰지 못했다. "어떻게 써야 되지?"라고 혼잣말을 하며 초조하고 불안한 표정을 지었다. 선생님이 어떤 점이 어려웠냐고 묻자 "머릿속에 떠오르지도 않고 그냥 모르겠어요"라고 답했다.

글자는 읽을 줄 알지만 의미를 이해하는 데에 어려움을 겪는 수호는 수업 시간에 무언가 막힐 때마다 선생님에게 질문하며 겨우 버텼다. 수호는 계속해서 "선생님, 이렇게 쓰면 돼요?", "선생님, 이거 어떻게 해야 돼요?"라고 질문을 던졌다. 온라인 수업을 할 때는 거의 매번 선생님과 통화를 했다. 선생님이 "오늘은 전화를 받지 말까?"라는 생각을 한 적이 있다고 말할 정도로 수호는 모르는 것이 있을 때마다 적극적으로 전화를 했다. 초기 문해력 진단평가 결과 초등학교 6학년인 수호의 문해력은 초등학교 저학년 수준에도 미치지 못하는 상태였다. 선생님은 수호가 혼자 힘으로는 6학년 수업을 따라가기 힘든 수준이라고 판단했다. 다행인 것은 수호가 매우 성실하고, 문제를 끝까지 해결해보려는 의지를 가졌다는 점이었다.

초등 문해력 격차,
조기 개입이 답이다

문해력 격차는 어떻게 학습 격차로 이어지나

앞에서 사례로 설명한 영진이와 수찬이, 그리고 수호는 또래보다 현저히 낮은 문해력 때문에 학교 수업을 따라가기 힘들어한다는 공통점이 있었다. 문해력 격차가 학습 격차로 이어지는 상황이었다.

보통 문해력은 국어 과목과 관련이 있다고 생각하기 쉽지만, 실제로는 모든 과목에 영향을 미친다. 교과서는 글로 이루어져 있고, 그 글을 이해해야 교과서의 내용을 파악할 수 있다. 기본 학습 도구인 문해력이 부족하면 교과서를 읽어도 내용을 파악할 수 없다. 결국 학습 부진으로 이어질 수밖에 없는 것이다.

수학 과목도 문해력이 중요하긴 마찬가지이다. 문해력이 뒷받침되지 않으면 아무리 수리력이 좋아도 문제를 제대로 풀 수가 없다. 수리력을 발휘하기 위해서는 문제의 의도와 맥락을 파악하는 것이 우선되어야 한다. 문제를 이해해야 어떤 수학식으로 풀어야 할지도 판단할 수 있으므로 문해력이 있어야 수리력도 높아지는 것이다.

예를 들어 수리력은 좋은데 문해력이 없다면, 5 더하기 5가 10인 것은 알지만 이 문제가 5 더하기 5를 해서 풀어야 한다는 것은 이해하지 못할 수 있다. 즉 더하기를 할 줄 알아도 그 문제가 더하기를 통해 풀어야 하는 문제라는 것을 이해하지 못하면 결국 답을 풀 수 없는 것이다. 더군다나 요즘 수학 과목에서는 문장으로 된 문제, 즉 '문장제'를 중시하는 경향이 다분하다. 문장제는 수학이 실생활에서 어떻게 활용되고 문제를 해결하는지 이해하는 데 초점이 맞춰져 있다. 그러다 보니 긴 글로 되어 있는 문제의 지문을 이해하지 못하면 아예 문제를 풀 수가 없다. 예전에 비해 수학 과목에서 문해력이 훨씬 더 많이 중요해진 것이다.

사회·과학·역사·영어 과목도 마찬가지이다. 교과서를 읽는 것 자체에 어려움을 느끼는 아이들도 있고, 교과서를 읽을 수는 있지만 의미를 이해하지 못해 수업 진도를 따라가지 못하는 아이도 많다. 교과서 문장의 의미를 제대로 이해하지 못하는 아이들이 수업 시간에 선생님이 설명하는 내용을 알아듣고 이해하기를 바라는 것은 무리이다.

모든 과목에서 교과서를 포함한 대부분 학습 자료는 읽기 형태로 되어 있기 때문에 읽기 능력은 학업성취도 전반에 영향을 미치는 가장 중요한 학습 능력으로 이해되어야 한다. 초등학교 아이들의 읽기 능력 부족은 학습 전반의 어려움과 부진으로 이어진다. 문해력의 격차, 특히 읽기 능력 격차는 곧바로 학습의 격차로 연결되는 것이다. 더욱이 과목 수가 늘어나고 난이도도 높아지는 고학력으로 올라갈수록 그 격차는 더욱 벌어진다.

비대면 수업이 문해력 격차에 미치는 영향

2020년 전 세계를 매섭게 강타한 코로나19는 경제적·문화적·정치적 재난을 야기했을 뿐만 아니라 교육에 있어서도 심각한 문제를 던져놓았다. 코로나19로 인해 비대면 수업이 늘어나면서 교실 내 학력 격차가 더욱 심해진 것이다. 비대면 수업 상황에서는 스스로 공부할 능력이 없는 하위권 학생들의 학습 결손이 더 심각해질 수밖에 없다.

이는 비단 우리나라만의 문제는 아니다. 미국의 초등학교도 코로나19로 인해 2020년 3월부터 교실 수업을 하지 못하게 되면서 많은 아이가 학습 기회를 상실했다. 이에 미국에서는 봄 학기와 여름 학기에 수업을 하지 못한 것이 아이들의 '읽기 능력'에 어떤 영향을 미칠지에 대한 연구를 했다. 그 결과 학교가 정상적으로 운영될 때 아이가 달성할 수 있는 읽기 성취도를 100퍼센트로 봤을 때 코로나19로 수업을 제대로 받지 못한 아이들의 읽기 성취도는 대략 70퍼센트 수준으로 떨어질 것으로 전망했다. 불과 반년 만에 30퍼센트의 학습 손실이 발생할 것으로 예측된 것이다.

더 심각한 것은 상위 30퍼센트의 아이들은 시간이 지나면 학습 손실을 어느 정도 따라잡을 수 있지만, 하위 30퍼센트의 아이들은 여간해서 만회가 어렵다는 점이다. 안 그래도 학업성취도가 낮은데 학습 손실을 회복하지 못한다면 상위권 아이들과의 격차가 더욱 커지는 건 불 보듯 뻔한 일이다.

한편 초등학교 저학년 아이들의 경우도 상황이 좋지 않다. 혼자 온라인 수업을 하기 어렵기 때문에 조력자가 반드시 필요한데, 부모의 맞벌이 등 여러 가지 환경 요인으로 혼자서 온라인 수업을 해야 하는 아이가 많기 때문이다. 이런 상황이다 보니 코로나19 이후 특히 초등학교 1~2학년 아이들의 학습 격차를 걱정하는 교사가 많다.

혼자 읽고 이해하고 생각할 수 있는 능력, 즉 문해력은 교사가 아이들과 긴밀하게 소통하면서 세세하게 지도하는 것이 어려운 비대면 수업 상황에서는 더욱 필요한 능력이다. 비대면 수업 때는 확인이 어려워 잘 드러나지 않는 문해력 문제들이 교실 수업에서는 확연히 드러나는데, 특히 초등학교 1~2학년 아이들의 읽기 능력 격차가 심각한 수준이라며 많은 교사들이 입을 모아 걱정했다. 교사들은 "도대체 어느 수준에 맞춰 수업을 준비해야 할지 모르겠다"라며 하소연하기도 했다.

향후 코로나19 위기에서 점차 벗어나게 되면 비대면 수업이 줄고 교실 수업이 늘어날 것으로 기대되지만, 이미 벌어진 문해력 격차를 어떻게 해소할 것인가 하는 점이 문제로 남아 있다. 고학년으로 올라갈수록 격차는 더 벌어질 테고, 그렇게 되면 따라잡는 것도 더 어려워질 것이다. 이는 문해력 격차 해소가 더 이상 미룰 수 없는 시급한 문제라는 의미이기도 하다.

문해력 발달의 골든타임을 놓치면 안 되는 이유

문해력에 대해 연구하는 전문가들은 초등학교 2학년을 문해력 발달의 골든타임으로 본다. 물론 문해력은 나이가 들어 청년이 되고 장년이 되고 노년이 되어도 읽고 쓰는 연습을 통해 계속 발전시킬 수 있다. 그런데도 전문가들이 문해력 발달의 골든타임을 초등학교 2학년으로 보는 이유는 3학년부터 본격적인 학습을 위한 읽기가 시작되기 때문이다. 초등학교 3학년부터는 교과목 수가 부쩍 늘어나는 데다 내용도 어려워지면서 고급 어휘들이 다양하게 등장한다. 따라서 초등학교 2학년까지 문해력 기초를 탄탄하게 다져놓지 않으면 3학년부터는 문해력 격차이든 학습 격차이든 따라잡는 것이 더욱 어려워지는 것이다.

문해력은 가장 기본적인 학습 도구이기 때문에 문해력 발달이 뒤처지는 아이들을 그대로 두면 학교생활에 적신호가 켜지게 된다. 또래 친구들이 문제를 읽고 이해하면서 답을 푸는 연습을 할 때 문해력 기초를 닦기 위한 읽기 수업을 따로 해야 하는 상황에 처할 수도 있다. 이렇게 되면 학습 부진도 문제이지만 정서적 어려움도 큰 문제가 된다. 자신이 뒤처진다는 사실을 인식하면서 상처를 받고 주눅이 드는 것이다. 결국 자존감 형성에도 악영향을 끼칠 수밖에 없다.

문해력 발달의 골든타임을 놓칠 경우 가장 큰 위험은 악순환에 빠지는 상황이다. 문해력 수준이 낮으면 학습 기회를 상실하고 학습 의욕 저하로 이어지기 때문이다. 그리고 이는 다시 글 읽기의 양이 감소하는 결과를 낳는다. 그러면 아이들은 "나는 글을 못 읽는 사람이구나"라면서 자포자기하게 되고 공부에 대한 의지마저 잃어버린다.

문해력 격차가 학습 격차로 이어지는 문제에 대해 조병영 교수는 "문해력은 매튜 효과(matthew effect)가 특히 많이 작동하는 영역이다. 매튜 효과는 부익부 빈익빈, 그러니까 부자는 더 부자가 되고 가난한 사람은 더 가난해지는 현상을 가리키는 말이다. 어렸을 때 필요한 시기에 읽기 능력을 적절하게 발달시키지 못하면 문해력 격차가 발생하는데, 한 번 격차가 벌어지면 그 격차가 점점 더 커지게 된다. 잘 읽는 아이들은 더 잘 읽게 되고, 못 읽는 아이들은 점점 더 뒤처지게 되는 것이다. 나이가 들수록 문해력 격차는 더 커지게 마련이고, 이것이 학습 격차로도 이어진다"라며 우려를 나타냈다.

초기 문해력이 충분히 발달하지 못한 채 학교에 입학한 아이들은 읽기 부진아가 되어 시간이 지날수록 '매튜 효과'의 희생자가 될 가능성이 크다. 학령기 전체에 걸쳐 문해력 격차가 계속 커지면 성인이 되어서도 영향을 받게 된다. 따라서 매튜 효과가 작동하기 전에 적절한 조기 개입을 통해 문해력 격차를 해소하는 것이 중요하다.

이에 대해 엄훈 교수는 〈아동기 문해력 발달 격차에 대한 문제해결적 접근〉이라는 논문에서 다음과 같이 조언했다. "아동기 문해력의 발달 격차 문제에 대한 해결의 포인트는 공교육 시스템 안에서 매튜 이펙트가 본격적으로 작동하기 전에 조기에 문제해결을 시도하는 조기 개입에 있다. 초등학교 저학년 시기, 그것도 가급적 1학년 시기에 문해력 발달의 면에서 아이들이 실제로 동일한 출발점에 설 수 있도록 보장해주는 것, 그것이 바로 초기 문해력 조기 개입이다. 초기 문해력 조기 개입은 초등 저학년의 교실 수업 강화와 교실 수업으로는 해결되지 않는 최저 수준의 아이들을 위한 초기 문해력 단기 집중 개별화 수업이라는 두 개의 트랙 전략으로 구현될 수 있다."

읽기 부진,
개별화 교육으로 접근하자

학령기 읽기 부진, 소릿값에서 시작해야 한다

우리는 감, 밤, 곰 중에서 첫소리가 다른 글자를 찾으라고 하면 답이 '밤'이라는 것을 쉽게 알 수 있다. 하지만 감의 'ㄱ'이 가지고 있는 소릿값, 밤의 'ㅂ'이 가지고 있는 소릿값을 모르는 아이들은 이 문제의 답을 알아맞힐 수 없다. '강아지'가 세 글자인지 두 글자인지도 구분하지 못하는 경우도 있다. 읽기 능력이 뒤처지는 초등학교 아이들 중에는 소릿값을 모르는 아이가 의외로 많다.

영진이가 받아쓰기와 읽기 유창성에서 최하점을 받고, 수찬이가 외워놓은 글자들을 총동원하고 그림을 통해 모르는 글자를 추측하며 책을 읽는 이유는 바로 소릿값 지식을 습득하지 못했기 때문이다. 영어를 처음 접할 때 파닉스를 통해 알파벳이 가지고 있는 각각의 소릿값을 배우는 것처럼 한글을 배울 때도 자음과 모음이 가진 소릿값부터 익혀야 한다.

그런데 우리나라 초등학교에서는 아이들이 당연히 소릿값을 알고 글자를 읽을 줄 아는 상태에서 입학할 것이라는 전제하에 한글 교육이 이루어진다. 그러다 보니 소릿값을 제대로 익히지 못한 채 초등학교에 입학하는 아이들은 글자를 읽을 줄 모르거나 글자를 읽어도 의미를 이해하지 못해 학습 부진아가 된다.

엄훈 교수는 《학교 속의 문맹자들》이라는 책에서 "현재 초등교육 과정은 입학생이 기초적인 문해력을 갖춘 상태라는 걸 가정하고 만들어졌지만 현실은 그렇지 않다"라며 "가정 환경이나 신체적 환경 등의 요인으로 20퍼센트가량의 아이들은 기본적 문해력을 갖추지 못한 상태로 입학한다"라고 설명했다.

읽기는 말하기처럼 선천적으로 타고나는 능력이 아니라 두뇌 활동을 총동원해서 배워야 하는 고도의 기술이다. "초등학교는 한글 떼고 들어가야 하는 거 아니야?"라고 단정 짓지 말자. 초등학교 3학년에 올라가기 전에 교과서의 문장을 정확하게 읽고 의미를 이해할 수 있는 수준이 되려면, 초등학교 1학년 때 소릿값부터 정확하게 익혀야 한다.

소릿값을 모르는 아이를 위한 읽기 교육

앞에서 여러 번 이야기했듯이 읽기 부진은 학습 부진으로 이어진다. 그러므로 초등학교에 입학한 이후에도 소릿값을 알지 못해 읽기에 어려움을 겪는다면 한시라도 빨리 적절한 교육이 이루어져야 한다.

글자를 음소로 분절하기

글자를 종이에 쓴 뒤 가위로 자음과 모음을 하나하나 잘라보는 활동은 음소 개념을 익히는 데 도움이 된다. '정'이라는 글자를 '저'와 'ㅇ' 두 개로도 나눠보고, 'ㅈ'과 'ㅓ'와 'ㅇ' 세 개로도 나눠보는 것이다. 자음과 모음을 하나하나 가위로 잘라보면서 글자를 작은 단위로 나눌 수 있다는 사실을 깨달으면 소릿값을 좀 더 쉽게 구분할 수 있다. 자른 글자를 다시 붙여 원래의 글자로 되돌리는 과정을 거치면 효과는 더 커진다. 이 활동은 자신의 이름처럼 아이가 익숙하게 읽고 쓸 수 있는 글자를 활용하면 더욱 좋다.

첫소리가 같은 글자 찾기

같은 소리로 시작하는 글자를 찾아보는 활동도 소릿값을 이해하는 데 많은 도움이 된다. 예를 들어, 아이와 함께 '트'로 시작하는 단어를 찾아보는 것이다. 아이가 어려워하면 재미있는 힌트를 주면서 진행해도 된다. 트라이앵글, 트럼 등을 죽 적은 뒤 어떤 글자가 똑같은지를 눈으로 확인한다. 마찬가지로 끝소리가 같은 글자 찾기를 해봐도 되고, 세 글자로 이루어진 단어들을 나열해놓고 중간소리가 같은 글자 찾기를 해봐도 좋다.

글자 수 확인하기

앞에서 강조했던 것처럼 소릿값을 모르면 강아지가 세 글자로 이루어졌다는 것조차 인식하지 못한다. 그러므로 한 글자 한 글자 말할 때마다 손뼉을 치는 과정을 통해 글자 수를 인지하게 하고 글자가 나뉘듯 소리도 나뉜다는 사실을 알려줘야 한다. 가령 첫소리가 같은 단어들을 찾아보라고 한 뒤 각각의 단어들을 함께 읽으며 글자 수대로 손뼉을 치는 연습을 해보는 것이다.

글자의 소릿값 확인하기

수찬이는 글을 읽다가 '알을 까고'를 '알을 깨고'로 읽었다. 이런 경우 각 글자가 어떤 소리로 이루어져 있는지 알려주는 것부터 시작해야 한다. 즉 '깨'는 'ㄲ'과 'ㅐ'라는 음소가 합쳐져 만들어진 글자이고, '까'는 'ㄲ'과 'ㅏ'라는 음소가 합쳐져 만들어진 글자임을 확인시켜준다. 그리고 'ㄲ'의 소릿값이 '끄'이고, 'ㅐ'와 'ㅏ'의 소릿값은 각각 '애'와 '아'라는 것을 알려준다. 그다음 'ㄲ'+'애'는 '깨'가 되고 'ㄲ'+'아'는 '까'가 된다는 것을 소리 내어 읽으며 깨닫게 한다.

수찬이는 'ㄲ'의 소릿값은 아는데 'ㅐ'의 소릿값은 알지 못했다. 이런 경우에는 아는 글자를 이용해 소릿값을 알려주는 방식으로 가르쳐줄 수 있다. 가령 수찬이가 '해'를 알고 있었기 때문에 선생님은 '해'가 'ㅎ'과 'ㅐ'로 이루어졌고, 'ㅎ'+'애'가 '해'가 된다는 것을 알려주었다. 그러자 수찬이는 비로소 'ㅐ'의 소릿값을 알게 되었고, '깨'가 되려면 'ㄲ'과 'ㅐ'가 합쳐져야 한다는 것을 인식했다.

읽기 부진, 소리 내어 읽기로 극복하기

읽기 부진을 극복하는 가장 좋은 방법 중 하나는 '소리 내어 읽기'이다. 제2장에서 영유아기에 확산적 상호작용을 하며 소리 내어 책을 읽어주는 것이 중요하다고 설명했는데, 학령기 아이들에게도 '소리 내어 읽기'는 읽기 능력과 더불어 문해력을 높이는 지름길이다.

눈으로만 읽다 보면 글자를 중간중간 빼고 읽거나 틀리게 읽거나, 심지어 문장을 통째로 빼먹기도 한다. 하지만 소리 내어 읽으면 글자와 단어를 정확히 꼼꼼하게 읽으려 노력하게 되면서 읽기 능력이 향상된다. 또한 소리 내어 읽으면 주의가 산만해지지 않고 집중력이 높아진다.

조병영 교수 역시 '소리 내어 읽기'가 초기 문해력 성장에 도움이 된다며 초등학교 아이들에게 적극 추천했다. "소리 내어 읽기는 초기 문해력 성장 단계에 있는 어린아이들에게도 좋고, 글 읽을 때 집중이 잘 안 되는 어른들에게도 효과가 있다. 초등학교 저학년 아이들과 부모가 함께 소리 내어 읽는다면 함께 읽는 경험을 통해 정서적으로 교감이 될 뿐만 아니라 생각도 공유하게 된다. 거기서 바로 배움의 기회들이 열린다."

읽기는 처음부터 잘할 수 없다. 처음에는 부모가 곁에서 지켜보면서 아이가 글자를 정확하게 읽는지, 빼먹는 글자는 없는지 확인하면서 어려워하는 부분을 도와줘야 한다. 독서교육 전문가 중에는 읽기를 스포츠에 비유하는 이도 있는데, 반복 훈련을 하면 능숙해진다는 데서 둘의 공통점을 찾는다.

읽기 격차, 전담교사의 개별화 수업이 필요하다

문해력 격차를 해소할 적절한 시기를 놓치지 않으려면 늦어도 초등학교 2학년 때까지는 아이가 읽기 부진아가 아닌지 확인한 후 문제가 있다면 체계적인 지원을 해야 한다. 하지만 현재 우리나라 공교육 시스템에서는 문해력 수준이 뒤처지는 아이들을 돕기 위한 방안이 미진한 상황이다.

많은 전문가들이 이러한 문제를 해결할 수 있는 방안을 '전담교사제'에서 찾는다. 문해력이 평균 수준보다 낮은 아이들이 그렇지 않은 아이들과의 벌어진 격차를 따라잡기 위해서는 개별화 수업이 필수적이다. 하지만 적게는 20여 명에서 많게는 30여 명의 아이들을 지도해야 하는 담임교사가 한 명 한 명에게 개별화 수업을 하는 것은 현실적으로 무리가 있다. 따라서 개별화 수업을 하기 위해서는 전담교사제를 도입해야만 한다.

가정에서 부모의 도움을 받으면 되지 않을까 생각할 수도 있지만, 아이의 문해력이 이미 평균 수준과 격차가 벌어져 있을 경우 전문적인 지식이 없는 부모가 아이 수준에 맞는 개별화 지도를 한다는 것은 불가능하다. 따라서 문해력 격차를 따라잡아야 하는 아이들을 도우려면 개별화 수업을 담당하는 전담교사의 역할이 필수적이다. 전담교사는 아이를 위한 맞춤형 수업 방식을 찾아 도움을 줘야 하고, 그 방법을 집에서도 부모와 함께 꾸준히 실천하도록 지원하는 구조로 이루어져야 한다.

읽기 수업 전담교사인 정경 교사는 전담교사의 중요성에 대해 "읽고 쓰기 활동을 하는 데 가장 중요한 것은 해독의 장벽을 넘는 것이다. 이 해독이라는 것은 결국 글자와 소리의 관계에 있는 규칙성을 깨닫는 것이다. 그런데 읽기가 부진한 아이들은 대개 음운론적 인식 능력이 부족해 글자와 소리의 관계를 쉽게 습득하지 못하는 경우가 태반이다. 이러한 아이들에게 좀 더 적합한 교육을 하기 위해서는 전반적인 초기 문해력을 지도하는 전문성을 갖춘 교사가 현장에 필요하다"라고 설명했다.

진영준 교사 역시 "초기 문해력 교육을 전문으로 하는 교사가 일대일로 가르치는 게 중요하다. 아이들을 가르쳐보면 읽기에 어려움을 겪는 아이들의 양상이 다 다르다. 그래서 아이들마다 어떤 어려움을 겪고 있는지, 읽기 발달 수준은 어느 정도인지 파악해서 전문성을 가진 선생님이 해당 아이에게 최적화된 방법으로 가르치는 것이 필요하다. 이때 일반적인 속도로는 또래의 문해력 수준을 따라잡는 것이 어렵기 때문에 집중 수업을 통해 속도를 높여야 하는데, 바로 이런 이유로 읽기 수업 전담교사의 도움이 꼭 필요하다"라고 강조했다.

뉴질랜드의 문해력 발달 프로그램 '리딩 리커버리'

원주민부터 이민자까지 다양한 민족이 공존하는 뉴질랜드는 아이들의 언어 발달 격차가 큰 편이다. 그런 만큼 뉴질랜드의 공교육은 아이들의 문해력 발달을 위해 많은 공을 들이고 있으며, 특히 읽기 부진을 겪는 아이들에 대한 관심이 높다.

뉴질랜드의 '리딩 리커버리' 수업

문해력 발달 프로그램 '리딩 리커버리'의 목표는
아이의 읽기 능력을 평균 수준으로 끌어올려주는 것이다.
리딩 리커버리 프로그램의 바탕이 된 교육 철학은
"아이들이 초등학교에 입학한 후에는 문해력 격차 없이
동일한 출발점에 서도록 도와야 한다"는 것이다.

1학년 동안 담임교사는 꾸준한 관찰을 통해 또래에 비해 읽기 능력이 뒤처지는 아이들을 찾아낸다. 이 아이들은 2학년으로 올라가 특별한 지도를 받게 되는데, 바로 '리딩 리커버리(reading recovery)'라 불리는 수업이다. 수업 시간 중에 해당 아이들은 일대일 수업을 위해 별도의 수업 공간으로 이동한다. 방과 후 수업이나 나머지 공부의 개념이 아니라 일반 수업과 동등한 수업으로 인지하도록 하기 위해서이다.

리딩 리커버리는 초등학교 2학년생을 대상으로 하는 프로그램이다. 읽기를 어려워하는 아이들을 돕기 위해 하루 30분씩 전문교사와의 일대일 개별화 수업을 1년간 90시간에서 최대 120시간까지 지원한다. 뉴질랜드는 학년별로 도달해야 할 읽기 수준이 정해져 있는데, 1학년을 마칠 때 그 수준에 미치지 못하면 리딩 리커버리 대상자가 된다.

이 프로그램의 목표는 아이의 읽기 능력을 평균 수준으로 끌어올려주는 것이다. 실제로 이 수업에 참여한 아이들 10명 중 7~8명은 학교 수업을 잘 따라갈 수 있는 수준으로 읽기 능력이 향상되었다. 이렇게 상당한 효과를 거두고 있는 비결은 전문성을 갖춘 교사가 일대일로 개별화 수업을 진행하기 때문이다.

리딩 리커버리 수업을 진행하는 한 교사는 "통계적으로 만 6세가 리딩 리커버리의 최적기"라고 하면서 읽기 능력 격차를 해소하기 위한 개별화 수업의 중요성을 이렇게 설명했다. "우리는 아이들의 격차가 해마다 커질 거라는 걸 알고 있다. 아이들은 그 격차를 따라잡지 못해 힘들어질 것이고, 교육 과정도 따라가기 어려워질 것이다. 그러면 아이들은 자신이 잘할 수 없다는 사실을 느끼게 되고, 이는 자존감이 낮아지는 심리적 어려움으로 이어진다. 만 6세 이전에 읽기 부진을 해소해줄 일대일 수업이 꼭 필요한 이유가 여기에 있다."

만 6세는 우리나라에서 초등학교 1학년에 해당하는 나이이다. 뉴질랜드의 공교육 시스템은 리딩 리커버리를 통해 문해력 발달의 골든타임에 매우 적절한 개입을 하고 있는 셈이다. 이는 우리나라에도 시급히 도입해야 할 시스템이다. 읽기 부진을 방치하고 골든타임을 놓쳐버리면 문해력 격차를 따라잡는 것이 더 힘들어질 뿐만 아니라 학습 격차로도 이어져 학교생활 적응에도 문제가 생기기 때문이다.

초등학교 아이들의 읽기 부진 문제를 공교육 책임으로 인식하는 뉴질랜드에서는 이미 40년 전부터 리딩 리커버리를 국가 교육 정책으로 운영하고 있다. 이 프로그램의 바탕이 된 교육 철학은 "아이들이 초등학교에 입학한 후에는 문해력 격차 없이 성공적으로 출발할 수 있도록 도와야 한다"라는 데 있다. 뉴질랜드의 교육학자 마리 클레이(Marie Clay)가 시작한 것으로 알려진 리딩 리커버리 프로그램은 현재 미국을 비롯해 여러 영어권 국가로 확산되어 운영되고 있다.

한국판 리딩 리커버리, 읽기 따라잡기 수업

우리나라에도 한국판 리딩 리커버리라고 불리는 '읽기 따라잡기' 수업이 있다. 학급 최하위 20퍼센트 미만 수준의 1~2학년 아이를 위한 집중적인 초기 문해력 개별화 교육 프로그램이다. 이 수업의 목표는 일반 교실 수업으로는 더 이상 효과를 거두기 어려운 최저 수준의 읽기 부진 아이들에게 한 명 한 명의 눈높이에 맞춘 개별화 수업을 제공함으로써 해당 학년이 종료되기 전에 읽기 능력을 평균 수준까지 끌어올리는 것이다.

'읽기 따라잡기' 수업은 아직 정규 교육 과정에 포함되지 않은 탓에 뜻있는 일부 교사들이 모여 방과 후에 진행하고 있는 상황이다. 실제 수업은 30분이지만 수업을 준비하고 이전 수업 평가까지 하는 데 한 시간 정도 더 소요된다. 방과 후에 여러 가지 행정적인 업무를 처리해야 하는 교사들에게는 꽤 부담스러운 시간이다. 뉴질랜드의 리딩 리커버리 프로그램처럼 우리나라도 정규 교육 과정 안에서 전담교사의 개별화 수업을 통해 읽기 격차 문제를 해결할 필요가 있다.

다행히 우리나라에서도 공교육 차원에서 문해력 격차를 해소할 방안을 찾으려는 시도가 이루어지고 있다. 전라남도 나주시의 한 초등학교는 1학년 학생을 대상으로 선별검사를 진행해 문해력 향상이 필요한 아이들을 선발한 뒤 기초 학력 증진을 위한 지원을 하기 시작했다. 전라남도 교육청은 도내 22개의 시 또는 군의 학교에 문해력 전문교사를 파견해 방과 후에 매일 30분씩 1년 동안 문해력 증진 프로그램을 진행할 수 있도록 했다.

충청북도 청주에 위치한 죽림초등학교의 경우 청주교육대학교 문해력지원센터와 '초기 문해력 교육을 위한 연구' 협약을 체결하고 초기 문해력 개별화 교육 프로그램인 '읽기 따라잡기' 수업을 운영했다. 이 프로그램은 학습 부진을 겪고 있는 아이들의 근본적인 문제를 해결해 평균 수준으로 끌어올리는 것을 목표로 삼고 있다.

비록 지자체 차원에서 시행되고 있긴 하지만 문해력 증진을 위한 노력이 공교육 테두리 안에서 실행되고 있다는 점은 참으로 다행스럽다. 이러한 노력이 지속적으로 이루어지려면 적정한 예산이 확보되어야 하는데, 이를 소모적인 비용으로 생각해서는 안 된다. 문해력 교육에 투자하는 비용은 그 이상의 경제적 가치로 돌아오기 때문이다.

미국의 미네소타주립대학교 아서 레이놀즈(Arthur Reynolds) 교수는 저소득층 아이들을 교육하는 시카고아동부모센터(Chicago Child-Parent Center)가 어떤 교육적 효과를 일궈냈는지 경제적 가치로 환산하는 연구를 진행한 적이 있다. 시카고아동부모센터에 다녔던 학생 1,539명이 졸업 후 최고 26세까지 어떤 삶을 살았는지를 추적한 결과, 아이 한 명에게 1달러를 투자하면 4~11달러의 가치가 있는 사회적 자본으로 뒤돌아온 것으로 확인되었다. 또 시카고아동부모센터에서 교육받은 아이들은 고등학교와 대학교를 잘 마치고 주변 동료들보다 더 많은 임금을 받았다. 경찰에 체포되거나 우울증에 빠지거나 약물 중독자가 되는 경우도 드물었다.

우리나라도 읽기 부진의 문제를 '교육 형평성' 차원에서 접근해야 한다. 즉 모든 사람들이 문해력 교육을 통해 사회에서 필요한 활동을 하고, 원하는 지위를 획득할 수 있도록 기회를 줘야 한다. 그러려면 공교육 시스템 안에서 전담교사제와 같은 문해력 증진 프로그램이 더욱 확대되어야 한다. 그래야 조기에 적절한 개입을 통해 아이들의 읽기 부진을 해소하고 문해력 격차가 심각해지는 것을 예방할 수 있다.

읽기 따라잡기 수업이 가져온 변화들

소릿값 익히니 받아쓰기 0점에서 100점으로

영진이는 나주시의 한 초등학교에서 실시하고 있는 '읽기 수업 전담교사의 개별화 수업'에 참여했다. 10개의 단어를 적는 받아쓰기에서 0점을 받았던 영진이에게는 소릿값을 익히는 수업이 맞춤식으로 진행되었다. 영진이는 읽기 수업을 시작한 지 18일 만에 아는 글자가 상당히 늘어나 개별화 수업의 효과를 절감할 수 있었다.

읽기 수업은 집에서도 이루어졌다. 학교에서 하는 읽기 수업과 같은 방식으로 매일 엄마와 한 자 한 자 정확하게 소리 내어 읽기 연습을 했고, 그림책도 한 권 한 권 완독을 했다. 그 결과 영진이의 받아쓰기 점수는 몰라보게 달라졌다. 한 글자도 쓰기 어려워하던 영진이는 목욕탕, 지은이, 거북이, 학용품 같은 이전보다 더 어려운 글자를 써야 하는 받아쓰기 평가에서도 거뜬히 100점을 받았다.

읽기 따라잡기 수업을 통해 확연히 달라진 영진이를 보며 엄마 역시 매우 놀라워했다. 영진이 엄마는 "이것저것 해봤는데도 영진이가 받아주지 않고 계속 거부를 해서 가르치는 것이 너무 힘들었다. 한글도 못 떼고 초등학교에 보내서 정말 불안했는데, 선생님과 수업을 한 지 이삼일 만에 영진이가 받침 없는 글자로 이루어진 책을 혼자 읽는 것을 보고 '어떻게 이렇게 읽을 수 있지?' 라고 생각했다"라고 소감을 전했다.

영진이의 변화는 단지 책에 나오는 글자를 술술 읽고, 받아쓰기 문제를 모두 맞히는 것에서 끝나지 않았다. 읽기 따라잡기 수업이 시작된 지 6개월 뒤 교실에서 만난 영진이는 누구보다 자신 있게 수업에 임하고 있었다. 교과서에 나오는 '비사치기' 라는 글을 친구들 앞에서 틀리지 않고 정확하게 읽었다. 초기 문해력 진단평가 결과, '1수준' 으로 최하위권에 속했던 영진이는 6개월 뒤 '7수준' 을 기록해 또래 평균보다 훨씬 높은 수준으로 급성장했다.

교과서를 읽을 수 있게 되니 교실 수업도 따라가기 쉬워졌다.

영진이가 이렇게 적극적인 아이였나 싶을 정도로 학교생활을 즐겁게 해나갔다. 읽기 따라잡기 수업 마지막 날, 2학년 수준의 그림책까지 다 읽은 영진이는 자기 자신에게 만족해했다. 읽기 따라잡기 수업을 받으며 이전과 달라진 점을 묻자 "글자를 더 잘 읽고 쓰게 되어 수업이 편해졌다. 글자를 속 시원하게 읽고 친구들도 도와줄 수 있어 좋다"라고 대답했다.

영진이에게 글자는 넘기 힘든 벽이었고, 읽기는 세상에서 가장 어려운 일이었다. 하지만 포기하는 대신 선생님과 엄마의 도움을 받아 소리 내어 읽기를 연습한 결과 스스로 만족할 만한 성장을 이루어낼 수 있었다.

읽기 능력 향상되니 공부 자존감도 높아졌다

초등학교 2학년 평균 수준이라면 자음과 모음의 소릿값을 정확하게 알고 단어와 문장을 읽을 수 있어야 하지만 수찬이는 아직 여기에 미치지 못한 상태였다. 수찬이가 다니는 학교에서 진영준 교사가 읽기와 쓰기 개별화 수업을 진행했다.

읽기와 쓰기를 힘들어했던 수찬이는 2학년 2학기 국어 교과서에 나오는 '크록텔레 가족' 이야기를 읽고 주인공에게 하고 싶은 말을 써보는 활동을 할 때 선생님이 알려주는 모범답안을 그대로 베껴 썼다. 그런데도 모두 따라 쓰는 게 어려워 중간중간 일부분만 옮겨 써야 했다.

하지만 6개월 동안의 읽기와 쓰기 개별화 수업을 받은 후 수찬이는 달라졌다. 자신의 경험을 글로 적어보는 시간에 칠판 가득 술술 글을 써 내려갈 정도로 자신감이 생겼다. 자신이 칠판에 쓴 "어제 눈이 마구마구 왔다. 한파주의보까지 내려졌다"라든가, "이런 말이 있지요. 여름에 봉숭아물을 들이면 첫사랑이 이루어진대요"와 같은 긴 문장들도 거침없이 읽어낼 만큼 읽기 능력 역시 향상되었다.

읽은 책만큼 성공의 경험이 쌓이면서 수찬이의 자존감도 높아졌다. 그동안은 엄마에게 책을 읽어달라고 했지만 이젠 엄마에게 기꺼이 책을 읽어주는 아이가 되었다. 국어 성적도 쑥쑥 올라 95점이라는 높은 점수를 받기도 했다. 다시 실시한 초기 문해력 진단평가에서는 2학년 또래 친구들의 평균을 훨씬 뛰어넘는 수준으로 올라섰다.

수찬이는 읽기 수업을 시작하기 전에는 어땠냐는 질문에 "글자를 몰라 답답해서 힘들었다"라고 대답했다. 또 예전과 비교해서 지금은 공부할 때 뭐가 달라졌는지를 묻자 "예전에는 (글자를 몰라) 모르는 게 있어도 그냥 놓쳐버려 아쉬웠는데 이제는 모르는 게 있어도 스스로 공부할 수 있으니까 마음이 뿌듯하다"라고 전했다.

그런 수찬이를 바라보며 무척 뿌듯해하는 진영준 교사는 "이 학교에서 6년간 근무하며 기초 학력 업무를 담당했는데, 처음에는 학습 부진 문제가 해결되지 않을 것으로 생각했다. 그런데 '읽기 따라잡기' 수업을 알게 되고 담임교사로서 또 개별화 수업 교사로서 나름의 실험을 해보며 극복할 수 있다는 것을 알게 됐다"라고 말하면서 일대일 문해력 수업의 중요성을 강조했다.

끊어 읽기가 되자 책 읽기와 친해졌다

체육 이외에는 모든 과목이 싫다고 했던 초등학교 6학년 수호는 읽기에 어려움을 겪어 수학 문제를 풀 때도 연산 능력은 되지만 이해 능력이 부족해 좋은 점수를 받지 못했다. 수호는 읽기 따라잡기 수업을 통해 어떻게 달라졌을까?

수호 역시 진영준 교사에게 읽기 개별화 수업을 받았다. 사실 진영준 교사는 수호의 2학년 담임이었다. 1학년 때부터 읽기에 어려움을 겪었던 수호는 2학년 때 진영준 교사로부터 다양한 방법으로 도움을 받았다. 하지만 3학년이 되어 받은 기초학력 진단평가에서 '학습 부진'이라는 결과가 나오고 말았다. 그때부터 진영준 교사는 3년간 본격적으로 초기 문해력 교육에 대한 공부를 시작했고, 6학년이 되어 다시 만난 수호에게 여러 가지 도움을 줄 수 있었다.

수호와의 수업 첫날에는 다양한 난이도의 책 여섯 권을 펼쳐 놓고 수호의 읽기 수준부터 확인했다. 읽고 싶은 책을 고르라고 하자 수호는 저학년 수준의 책을 골랐다. 초등학교 6학년 수준의 책을 들어 보이며 이 책은 어떠냐고 묻자 "글자가 너무 많아서 읽기 힘들 것 같아요"라고 대답했다. 진영준 교사는 조금 쉬운 책으로 읽기 수업을 시작하고 싶어 하는 수호의 뜻에 충분히 공감해주었다. 읽기 따라잡기 수업에서는 성공의 경험을 통해 자신감을 회복하는 것이 가장 중요하므로, 학년에 맞는 책보다는 아이의 수준에 맞는 책을 골라야 했다.

수호의 읽기 따라잡기 수업은 긴 글을 두려워하지 않고 의미를 파악하며 읽는 것이 목표였다. 본격적으로 수업이 시작되자 교사와 수호가 번갈아가며 소리 내어 책을 읽었다. 수호는 '끊어 읽기'가 안 돼서, 즉 '읽기 유창성'이 부족해서 글의 내용을 이해하는 데 어려움을 겪는 상황이었다. 읽기 유창성이란 문장을 적절한 속도로 매끄럽게 의미를 살려 읽어내는 능력으로 기초 문해력의 구성 요소 중 하나이다. 유창성은 소릿값을 이해하는 능력에 어휘력이 더해져 완성된다. 소릿값을 알지 못하거나 어휘력이 부족할 경우에는 유창성이 떨어질 수 있는데, 유창성이 부족하면 글의 내용을 파악하며 읽는 데 어려움이 따른다.

영진이와 수찬이가 소릿값부터 배운 것과는 달리 수호는 읽기 유창성과 더불어 글 내용에 대한 이해도를 높이는 눈높이 수업을 받았다. 수호는 집에서도 읽고 싶은 책을 꺼내 소리 내어 읽는 연습을 하루도 빼먹지 않았다. 또 책을 읽는 자신의 목소리를 그때그때 녹음해서 선생님에게 실시간으로 전송했다.

조병영 교수는 수호의 공부 방법은 끊어 읽기가 되지 않는 아이에게 매우 효과적이라며 적극 추천했다. 끊어 읽기를 익히려면 글자를 하나하나 또박또박 읽는 게 중요한데, 녹음한 걸 스스로 들어보면서 자기가 어떻게 읽는지 확인할 수 있기 때문이다. 여기에 교사나 부모가 아이가 읽는 걸 받아쓴 뒤 다시 읽어주며 제대로 읽는 방법을 알려주면 효과가 배가된다.

책 읽기 녹음을 시작한 날부터 수호는 하루도 숙제를 거르지 않았다. 책을 읽고 난 뒤에는 줄거리와 생각을 적는 독서록도 썼다. 조금씩 읽기와 친해지면서 긴 책도 읽을 수 있게 되고, 글 쓰는 것도 수월해지자 수호는 만족감을 드러내기 시작했다.

여름, 가을, 겨울, 세 번의 계절이 바뀌는 동안 수호의 '읽기 따라잡기' 수업은 계속되었다. 그리고 많은 변화가 있었다. 저학년용 그림 동화책으로 수업을 시작했던 수호는 비로소 6학년 수준에 맞는 책을 수월하게 읽어냈다. 자신의 생각을 글로 써보는 시간에 한 글자도 적지 못해 쩔쩔매던 모습도 보이지 않았다. 졸업을 앞두고 졸업에 대한 생각과 느낌을 쓰라고 하자 다음과 같은 제법 멋진 글을 선보였다. "내일 졸업을 한다. 기분이 좋다. 중학교 생활이 기대된다. 올해는 기분이 나쁘다. 왜냐하면 자가격리를 2주간 해서 애들을 별로 못 봐서 아쉽다. 올해는 열심히 살 거다." 이뿐만 아니라 졸업을 하루 앞둔 날에는 혼자 교실에 남아 자신을 위해 기꺼이 시간을 내어 개별화 수업을 해준 진영준 교사에게 감사의 편지를 쓰기도 했다.

진영준 교사는 수호의 이런 놀라운 성장에도 불구하고 못내 아쉬워하는 모습을 보였다. "내가 조금 더 빨리 문해 교육에 관심을 갖고 전문성을 키웠다면 수호의 2학년이 달랐을 거다. 사실 수호는 2학년 때 학습 부진으로 어려움을 겪었지만, 지금의 수찬이보다 읽기와 쓰기를 훨씬 잘했다. 6학년이 될 때까지 계속 학습 부진이 쌓이다 보니 1년이라는 시간으로는 완벽하게 해결하기가 어려웠다."

수호의 사례에서도 볼 수 있듯이 읽기 부진, 학습 부진이 쌓이기 전에 한시라도 빨리 아이들의 어려움을 발견하고 도와줘야 한다. 교실에서 아이들이 글을 못 읽는 걸 숨긴다면 교사들은 모르고 넘어갈 수밖에 없다. 그러므로 공부가 싫다, 공부가 어렵다고 말하는 아이들을 잘 살펴봐야 한다. 핑계가 많다고 나무라지만 말고 아이 마음 깊은 곳의 "도와주세요!"라는 말에 귀를 기울이고 반응해야 한다. 그것은 바로 우리 어른들, 그리고 학교의 몫이다.

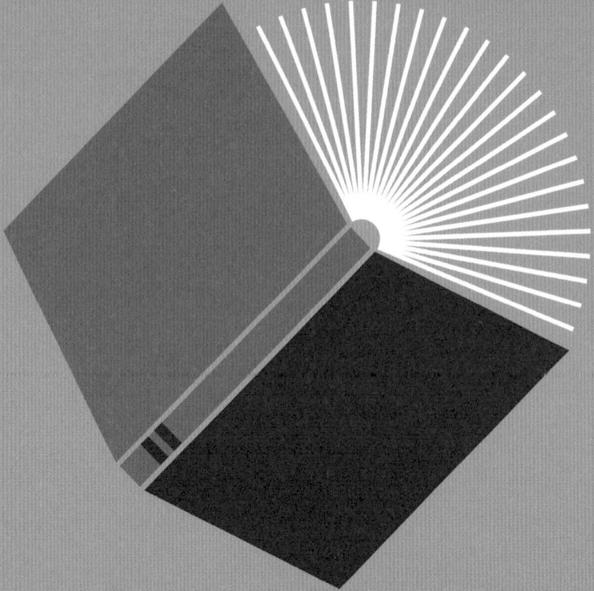

| 제4장 |

청소년기, 어휘력이 늘면 공부가 쉬워진다

교과서에 나오는 어휘를 이해하지 못해 선생님 설명도 제대로 알아듣지 못하는 아이들. 사회·역사·영어 시간에 모르는 단어들 설명하느라 정작 진도를 나가기가 어려울 지경이다. 어휘력은 학업성취도에 절대적인 영향을 미친다. 10주간 진행된 '어휘력 향상 프로젝트' 이후 아이들은 수업 이해도는 물론 공부 자신감도 부쩍 커진 모습을 보여주었다.

10대의 어휘력 수준, 이대로 괜찮을까?

유행어는 알아도 순우리말은 모르는 아이들

오은 시인은 한 고등학교에서 '단어를 찾아서'라는 주제로 강연을 했다. 그리고 팀을 이루어 단어를 맞히는 스피드퀴즈를 통해 어휘력 실태를 확인했다. 아이들은 저마다 알고 있는 단어를 설명하기 위해 갖은 노력을 기울였으나 웃지 못할 상황이 자주 연출되었다. '존귀'라는 단어가 등장하자 한 아이는 "많이 귀여운 것을 줄임말로?"라고 설명했다. '지위나 신분이 높고 귀함'이라는 뜻을 가진 '존귀'라는 단어를 '매우 귀엽다'라는 의미의 신조어로 해석한 것이다.

'금일'이라는 단어가 나왔을 때는 뜻을 제대로 설명하지 못해 "월화수목금에서 '금'과 '토일'에서 '일'을 합치면?"이라고 설명했다. 기차나 배에서 나는 소리를 의미하는 '기적 소리'를 설명해야 했던 아이는 그 단어를 처음 들어봤는지 한참을 갸웃거리다가 결국은 패스를 외쳤다. '사흘'이라는 단어와 맞닥뜨린 아이는 기간을 나타내는 단어인지는 어렴풋이 알고 있었는지 "한 달?"이라고 말하며 얼버무렸다.

한 여학생은 '일편단심'이라는 단어를 '오직 한 가지에 변함없는 마음'이라고 정확히 설명하지 못해 "나는 땡땡땡땡 너만 좋아한다"라고 설명했다. 그 말을 들은 남학생은 부끄럽다는 듯 얼굴을 붉히며 "남자친구"라고 대답해 친구들을 박장대소하게 했다. '일편단심'이라는 단어는 애국가 가사에도 등장하는데 아이들이 그 뜻을 정확하게 모른다는 사실이 놀라웠다.

아이들이 가장 어려워했던 단어는 '글피'였다. '글피'를 설명해야 했던 아이는 난생처음 들어보는 말인지 당황해서 아무 말도 하지 못했다. 그 자리에 있던 다른 아이들도 가장 어려웠던 단어로 '글피'를 꼽을 정도였다. 어떤 아이는 '글피'를 '갈피'로 착각해 "글피를 못 잡는다고 할 때 쓰는 단어인 줄 알았다"라고 고백하기도 했다.

스피드퀴즈에 등장한 단어들은 우리가 일상생활에서 자주 쓰는 말일 뿐만 아니라, 대부분 중학교 3학년 교과서에 나오는 것들이었다. 더구나 스피드퀴즈에 참여한 아이들은 고등학생들이었다. 이는 곧 일상생활을 할 때 이러한 단어들의 뜻을 정확히 몰라 제대로 활용하지 못할 뿐 아니라, 중학교 3학년 교과서도 완전하게 이해하지 못하고 넘어갔을 가능성이 크다는 걸 의미했다.

스피드퀴즈 장면을 지켜본 윤윤 교사도 "중학교 3학년 아이가 고입 자기소개서를 쓰면서 담임선생님을 '담인선생님'이라고 쓰는가 하면 신신당부를 '신신담부'로 쓰기도 한다. 시험을 볼 때 '적절하지 않은 것'을 고르는 문제에서 '적절하다'가 무슨 뜻이냐고 물어보기도 한다. 단어의 뜻을 몰라서 시험 문제를 못 풀 정도로 아이들의 어휘력이 떨어져 있다는 걸 실감한다"라고 10대들의 어휘력 수준을 우려했다.

정확한 단어보다 쉬운 단어를 선택하는 아이들

10대들의 어휘력 저하에 대한 문제 제기는 수년 전부터 있어왔다. 2020년 EBS의 〈다큐프라임-다시, 학교〉라는 프로그램에서 만난 아이들에게서도 비슷한 문제가 발견되었다. 당시에도 아이들은 '얼굴이 피다'라는 말의 의미를 묻는 질문에 "저런 말도 있어?"라든가 "난 처음 들어봤어"라는 반응을 보였다. 어떤 아이는 "얼굴이 다쳐서 피가 나는 것"이라고 대답했다. '최선책'이라는 단어를 알려주기 위해 "최선의 방법을 최선책이라고 하잖아"라고 설명해줘도 "몰라요. 처음 들어봐요"라는 대답만 되돌아왔다.

'고모'가 누구냐는 질문에는 "엄마의 누나인가?"라고 자신 없게 대답하기도 했다. 또 많은 아이들이 '이모'를 '엄마의 친구'로 알고 있었다. 사흘이나 글피처럼 일상생활에서 자주 쓰지 않는 말이라면 모를까, 고모나 이모처럼 자주 쓰는 말의 정확한 의미조차 모르고 있다는 것은 심각한 일이 아닐 수 없다. 고모와 이모뿐만 아니라 요즘 아이들은 장인, 사위, 올케 등 가족관계와 관련된 어휘를 굉장히 어려워하는 경향을 보였다.

스피드퀴즈를 통해 고등학교 아이들의 어휘력 실태를 파악한 오은 시인은 "학생들 대상 강연을 많이 다니는데, 그때마다 느끼는 게 단어 사용이 굉장히 '단순화'되어 있다는 점이다. 좋아도 대박, 싫어도 대박, 슬퍼도 대박, 아쉬워도 대박……. 당황해도 헐, 안타까워도 헐, 놀라도 헐……. 수많은 단어로 표현될 수 있는 상황들을 '대박'과 '헐' 두 마디로 대신한다. 이대로는 안 되겠다 싶어 학생들에게 어휘력의 중요성을 알려주고 싶은 마음이 간절하다"라고 말하며 우려의 마음을 전했다.

이러한 실태에 대해 인하대학교 국어교육과 신명선 교수는 "요즘은 '말은 쉽게 해야 한다'라는 사회적 분위기 때문인지 아이들뿐만 아니라 어른들도 정확한 의견 전달보다는 쉬운 단어를 선택하는 경향이 있다. 그러다 보니 깊이 있는 생각을 전달하는 것을 더욱 어려워하게 되었다"라고 진단했다.

오은 시인은 요즘 아이들이 단어도 많이 모르지만, 알고 있다고 생각하는 단어도 그 의미를 제대로 설명하지 못한다면서 안타까워했다. 단어의 의미를 제대로 설명하지 못한다는 것은 그 단어를 모르는 것과 다름없기 때문이다.

윤윤 교사는 "요즘 아이들은 단어를 모르면 유행어로 얼버무리거나 공식적인 글에도 이모티콘을 남발하곤 한다. 그런 모습들을 보면서 사회에 진출해 문서를 작성할 때 잘 해낼 수 있을지 걱정이 된다"라며 안타까움을 내비쳤다.

대학생 글쓰기에 나타난 어휘력의 현주소

EBS 〈당신의 문해력〉 제작팀에서 전국 대학생 1,048명을 대상으로 진행한 '글 난이도 분석' 결과에서도 우리나라 대학생들의 어휘력과 글쓰기 수준이 고스란히 드러났다. 대학교 신입생 중심으로 진행된 '글 난이도 분석'을 위한 진단평가는 대학생들이 글쓰기를 통해 자기 생각을 얼마나 적절한 어휘로 정확하게 표현해낼 수 있는지 알아보기 위한 것이었다.

전국 대학생 글쓰기 진단평가의 난이도 분석 결과

대학생들이 쓴 글의 난이도를 측정한 결과 대학생 수준에 해당하는 1~2등급의 난이도를 보인 글은 전체의 36퍼센트밖에 되지 않았다. 중·고등학생 수준의 난이도를 보인 글은 전체의 절반을 넘는 53퍼센트였다. 대학생들이 쓴 글에는 인터넷에서 주로 사용하는 신조어, 온라인 채팅에서 사용하는 이모티콘도 많이 등장했다.

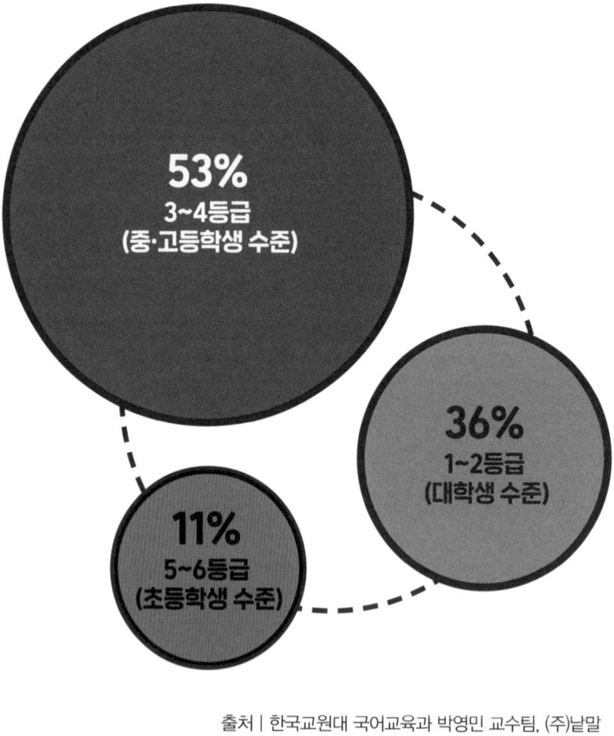

출처 | 한국교원대 국어교육과 박영민 교수팀, (주)낱말

대학생들이 쓴 글의 주제는 '코로나19 관계 단절을 극복할 수 있는 방안'이었다. 현상에 대한 분석을 통해 방안을 도출해내는 논리적 사고력이 바탕이 되어야 하는 글이었다. 난이도는 어휘의 수준과 양, 문장의 난이도와 복잡도, 어절이나 문장 수 등의 요소를 복합적으로 고려해 평가되었다.

한국교원대 국어교육과 박영민 교수팀과 ㈜낱말에서 1,048명이 쓴 글을 전수 분석해 난이도를 측정한 결과는 매우 놀라웠다. 대학생 수준으로 볼 수 있는 1~2등급의 글은 36퍼센트에 불과했다. 53퍼센트는 중·고등학생 수준의 글이었고, 11퍼센트는 초등학생 수준밖에 안 되는 것으로 밝혀졌다. 그중에는 초등학생 1학년 수준밖에 되지 않는 글도 있었다.

대학생들이 쓴 글에는 인터넷에서 사용하는 신조어들이나 비격식 구어 표현들이 자주 등장했는데, 이로 인해 대학생 수준으로 보기에는 품격이 다소 떨어지는 글이 많았다.

▶예시 1

랜선모임만큼 **신박**한 것은 없다. 나와 친한친구 4명이 있다. 성인이 되어 **친구들과 술도 먹고 놀고싶지만 코로나 때문에 만나지도 못하니 답답해 미쳐가는 와중에** 우리는 각자의 집에서 간단한 안주거리와 술을 사서 영상통화를 하면서 먹자는 의견이 나왔다.

▶**예시 2**

코로나로 집에만 있다보니 우울증, **집순이(방콕) 등을 걸리는 사람들이 많아지고 있어서** 인간관계, 사회관계가 단절이 되어가고 있다. (중략) 솔직히 극복방안도 방안이지만 정부에서 가능하면 밖에 잘 나가지마라 모여있는곳에 가지마라 술집, 음식점, 피시방, 노래방 등 운영을 잠시 **멈추라고(?) 권고(?)**까지 한 걸로 기억하는데 사람들은 **정부의 말을 듣지도 않고 한강, 술집, 노래방 같은 곳에 가서 쳐놀다가 감염 걸려서** 코로나 치료하려고 병원가서 나라에서 병원비 감면해줘서 별로 얼마 안내고 또 나아지면 나가서 놀고 (중략) 내가 만약 법을 만든다면 약간 공산당 같을 수도 있겠지만 정부의 말을 어기고 **그 짓을 했을 경우** 벌금 또는 봉사명령을 내리는 법을 만들 것이다.

예시 1의 글에는 "랜선 모임만큼 신박한 것은 없다"라는 문장이 보인다. '랜선'이나 '신박'이라는 어휘는 모두 인터넷상에서 쓰는 신조어이다. SNS와 짧은 문자로 소통하는 것이 일상이 되었다고는 하지만, 친구들과 주고받는 글도 아니고 자신의 생각을 논리적으로 밝히는 공개적인 글쓰기에서 SNS에서 끄적이는 듯한 어휘와 표현을 사용했다는 것은 걱정스러운 문제가 아닐 수 없다.

예시 2의 글은 "노래방 같은 곳에 가서 쳐놀다가"라든지 "정부의 말을 어기고 그 짓을 했을 경우"라는 표현을 통해 코로나 19 시국에 노래방 가는 사람들에 대한 분노를 표출하고 있다. 하지만 '쳐놀다가'나 '그 짓' 같은 어휘는 상대방을 비하하는 비속어이기 때문에 공식적인 글쓰기에서는 사용하면 안 된다. 게다가 '멈추라고(?)'와 '권고(?)'와 같은 단어에 물음표가 빈번히 등장하는데, 이것은 자신의 생각을 완전히 정리해 표현할 수 있는 적절한 어휘가 떠오르지 않아 그런 것으로 보인다. 자신이 쓴 표현이 맞는지 확신할 수 없었던 것이다.

예시문에는 없지만 심지어 'ㅠㅠ'라든지 '^^'와 같은 기호를 넣은 글도 있었다. 이 또한 자신의 생각이나 감정을 정확하게 표현하는 것에 어려움을 느껴 평소 SNS에서 주로 사용하는 이모티콘으로 대체한 것이다. 중·고등학교에서 평균 수준의 어휘력을 다지지 못한 채 대학교에 들어가다 보니 자신의 생각을 글로 표현하는 데 한계를 느끼는 것이 분명해 보였다.

문해력의 가장 중요한 밑거름은 어휘력이다

한양대학교 국어교육과 조병영 교수는 '기초 문해력'을 크게 다섯 가지 측면으로 나누어 설명했다. 첫 번째는 '소릿값'을 이해하는 것이고, 두 번째는 소릿값을 '기억 · 니은· 아· 야· 어 · 여' 처럼 철자와 연결하는 능력, 즉 파닉스(phonics)를 익히는 것인데 이 두 가지 능력을 합쳐서 '해독 능력'이라고 한다. 세 번째는 어휘력이다. 소리들이 뭉쳐서 이루어지는 단어를 이해하고, 단어를 들으면 그 의미가 딱 떠오르는 것이 바로 어휘력이다. 네 번째는 유창성이다. 문장을 적절한 속도로 매끄럽게 의미를 살려서 읽어내는 능력을 말한다. 유창성은 앞에서 말한 소릿값과 파닉스를 이해하는 능력에 어휘력이 더해져 완성된다. 문해력을 이루는 마지막 다섯 번째는 글의 내용과 내가 알고 있는 지식과 경험을 더해서 추론한 뒤 의미를 구성해내는 과정, 즉 독해 능력이다.

문해력의 다섯 가지 구성 요소 가운데 가장 중요한 밑거름은 '어휘력'이다. 특히 어휘력은 읽기 능력 발달에 결정적인 영향을 미친다. 글을 정확하고 빠르게 읽고 이해하려면 각 문장을 먼저 정확하고 빠르게 읽고 이해할 수 있어야 한다. 그리고 각 문장의 의미를 제대로 이해하려면 문장을 구성하는 단어들의 의미와 쓰임을 분명하게 파악하고 있어야 한다. 풍부하고 다양한 어휘력을 지니면 그만큼 읽기 학습에서 유리하다.

아이들이 긴 글을 읽고 싶어 하지 않고, 글을 읽어도 내용 파악을 제대로 하지 못하는 가장 큰 원인은 바로 어휘력 부족이다. 모르는 어휘가 많으면 글을 읽어도 이해가 안 되니 점점 흥미를 잃고 자신감도 떨어지는 것이다. '고지식'을 높은 지식으로, '대관절'을 큰 절로 생각하는 아이들이 과연 글 내용을 정확하게 파악할 수 있을까.

구인구직 포털 사이트에서 재미있는 설문조사를 한 적이 있다. 대학생들을 대상으로 가장 충격적인 맞춤법 실수를 조사하여 순위를 매긴 것이다. 이 설문조사에서 1위는 '감기 빨리 낳으세요'였다. 2위는 '어의가 없어요'였고, 3위는 '얼마 전에 들은 예기가 있는데요'였다. 그 뒤를 이어 저한테 일해라절해라 하지 마세요, 이 정도면 문안하죠, 구지 그렇게까지 해야 할까요?, 무리를 일으켜서 죄송합니다, 에어컨 시래기가 고장났어요 등이 충격적인 맞춤법 실수로 꼽혔다.

이러한 맞춤법 실수는 그저 웃고 넘어갈 수만은 없는 문제이다. 10대 아이들이 어휘 공부가 제대로 안 된 상태로 대학교에 진학하고 있는 현실을 적나라하게 보여주고 있기 때문이다. 단어의 표기법을 정확하게 모르는 이유는 그 의미를 대충만 알고 있기 때문일 가능성이 크다. 이런 아이들은 일상어 구사에는 큰 문제가 없어도 교과서에 등장하는 학습도구어는 무척 어려워할 수 있다. 학습도구어를 제대로 익히지 못하면 수업 내용도 이해하기 어렵다. 실제로 중·고등학교 교실의 학습 격차는 학습도구어 이해 부족에서 비롯되는 경우가 많다. 10대 아이들의 어휘력 수준을 하루빨리 끌어올려야 하는 이유가 여기에 있다.

빈어증으로 교과서에서 멀어지는 아이들

영어 시간에 국어 수업을 해야 하는 교사들

고등학교 2학년 사회 시간에 교사는 사회불평등 현상에 대한 수업을 진행하며 그 주제에 잘 맞는 영화 〈기생충〉을 자료로 삼았다. 영화의 이해를 돕기 위해 교사는 "이 영화의 구성 초기 가제는 '데칼코마니'였어요"라고 설명하면서 아이들에게 '가제'가 무슨 뜻인지 아느냐고 물었다. 그러자 '랍스터'라는 놀라운 대답이 돌아왔다. '가제'와 '가재'를 혼동한 것이다. '가제'의 정확한 표기법도 모르고, '임시로 붙인 제목'이라는 의미도 모른다는 이야기였다.

이어서 '기생충'은 다른 동물체에 붙어 양분을 빨아먹고 사는 벌레 혹은 스스로 노력하지 않고 남에게 빌붙어서 살아가는 사람을 낮잡아 이르는 말이라고 알려주며 '양분'의 뜻을 아는지 아이들에게 물었다. 그러나 정적만 흘렀다. 또 사회불평등 현상은 지배 집단과 피지배 집단 간의 위화감과 갈등을 초래한다고 설명하면서 '위화감'의 뜻에 대해 물었다. 역시나 정적만 가득했다. 교사는 단어의 뜻을 일일이 설명해주느라 진도를 나갈 수 없는 지경이 되고 말았다.

영어 수업도 별반 다를 게 없었다. 교사는 아이들에게 모르는 한국어가 나오면 "몰라요!"를 외치라고 했다. 그런데 시작부터 난관이었다. 'babysitter(베이비시터)'는 한국말로 '보모'라고 하면서 무슨 말인지 아느냐고 묻자 아이들은 곧바로 "몰라요!"를 외쳤다. 교사는 어쩔 수 없이 "보모는 부모님이나 다른 보호자를 대신해 고용되어 아기를 돌봐주는 사람"이라고 자세히 설명해주었다.

'lawyer(로이어)'가 변호사라는 건 아이들도 잘 알고 있었다. 어떤 일을 하는 사람인지도 아는 듯했다. 그러나 '변호'가 무슨 뜻이냐고 묻자 역시나 "몰라요!"를 외쳤다. 'cashier(캐셔)'가 한국어로 '출납원'이라고 하자 아이들은 난생처음 들어보는 말인 듯 어리둥절한 눈빛이었다. 그래서 또 "마트에서 계산을 해주는 사람"이라고 설명해줘야 했다.

'commercial(커머셜)'의 뜻은 한국어로 '상업광고'이다. 교사는 다시 '상업광고'가 무엇인지 물었다. 아이들이 또다시 "몰라요!"를 외쳤는데 그 상황에서 누군가 "뒷광고!"라고 말했다. 유튜브에서 문제가 됐던 '뒷광고'라는 말이 등장하자 여기저기서 웃음소리가 터져 나왔다. 이번에도 교사는 "어떤 제품을 판매하려고 내놓은 광고"라고 설명을 해줬다. 문제는 아이들이 영어 단어를 한국어로 번역은 하는데, 정작 번역한 한국어의 뜻은 모른다는 데 있었다. 이로 인해 영어 수업 시간에 국어를 가르쳐야 하는 웃지 못할 상황이 벌어지고 있었다.

이는 비단 사회와 영어 수업을 할 때만 벌어지는 일이 아니었다. 과학이나 역사 수업을 할 때도 마찬가지였다. 교과서에 나오는 단어의 뜻을 몰라 지문을 읽어도 그 내용을 이해하지 못하는 상황이 비일비재했다. 중학교와 고등학교의 현직 교사들은 아이들의 어휘력 부족으로 수업 진도 나가는 것이 어려울 정도라며 깊은 고민을 드러냈다.

최근에는 '빈어증(貧語症)'이라는 말까지 등장했다. 어휘력이 부족해서 공부하는 데 어려움을 겪는 상황을 가리킨다. 교과서 내용을 이해하려면 필수적으로 알아야 할 핵심 어휘들이 있는데 이 어휘들에 대한 이해도가 턱없이 부족해 교과서 내용을 읽어도 뭐가 뭔지 알 수가 없다는 아이들이 점점 늘어나고 있다. '빈혈' 증세가 심하면 온몸이 무기력해지듯이, '빈어증'이 심각해지면 전 과목에서 학습 부진을 겪을 수밖에 없다.

혼자서는 교과서를 이해하지 못하는 아이들

학교 수업을 따라가기 위해서는 교과서에 등장하는 어휘의 의미를 정확히 알고 활용할 수 있어야 한다. 특히 교과 내용이 심화되면서 교과서 지문이 상당히 길어지고 어휘 수준도 한층 높아지는 중학교 아이들에게는 더욱 그렇다. 중학교에서 어휘력 부진을 만회하지 못하고 고등학교에 올라가면 뒤처진 학업성취도를 극복하는 것이 더욱 어려워지고 이는 수능 경쟁력에도 영향을 미칠 수밖에 없다.

그렇다면 중학교 아이들의 어휘력 부진을 어떻게 도와줘야 할까? 초등학교 아이들의 읽기 부진 문제와 마찬가지로 아이들의 어휘력 수준을 정확하게 진단하는 것이 우선되어야 한다.

EBS 〈당신의 문해력〉 제작팀은 중학교 3학년 학생들을 대상으로 하는 '어휘력 진단평가'를 기획했다. 아이들이 교과서에 등장하는 어휘의 세밀한 의미 차이를 구별하고 맥락을 정확하게 이해하는지 파악하기 위해서였다. 이를 위해 신명선 교수와 함께 교과서에 등장하는 어휘들을 분석한 뒤, 형태나 의미가 유사한 어휘들을 선정해 그 뜻을 명확하게 구별하고 맥락에 맞게

▍중학교 3학년 '어휘력 진단평가' 문제 예시

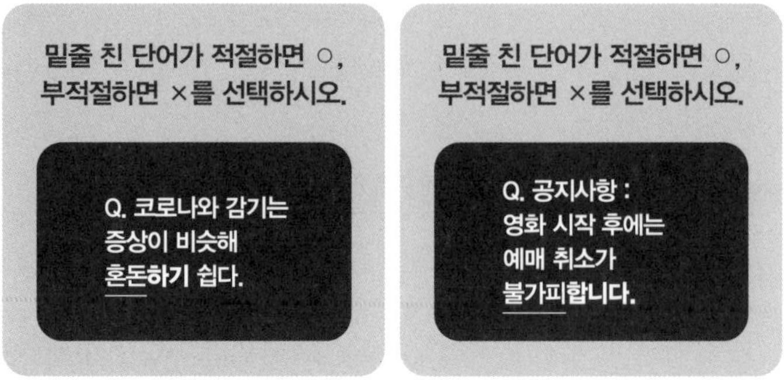

사용하는지를 측정하는 문제를 만들었다.

왼쪽 예시 문제의 답은 ×이다. 혼돈은 '마구 뒤섞여 있어 갈피를 잡을 수 없는 어지러운 상태'를 말하는데, 이 문제에서는 비슷한 두 선택지 중 어떤 것을 고를지 모를 때 쓰는 표현인 '혼동'을 써야 맞다. 오른쪽 예시 문제의 답 역시 ×이다. 불가피하다는 것은 '피할 수 없다'라는 뜻이다. 이 문제에서는 영화가 시작된 후에는 예매 취소가 '불가'하다고 표현해야 맞다. 이들 단어는 일상생활에서 자주 사용하는 단어인데도 정확한 뜻을 모르는 학생이 꽤 많았다.

어휘력이 부족하면 곧바로 읽기 부진으로 이어진다. 글을 읽을 때 단어의 뜻을 이해하지 못하면 무슨 내용인지 알 수가 없고, 당연히 재미도 없어져 더 이상 읽기가 싫어진다. 교과서의 경우는 어떨까. 역시 어휘를 이해하지 못하면 교과서 내용을 전반적으로 파악하지 못한다. 이때는 읽기 부진을 넘어 학습 부진으로까지 이어진다.

중학교 3학년생을 대상으로 진행된 '어휘력 진단평가'에서 0~43점을 받은 아이들은 교과서를 읽어도 내용은 파악하지 못하는 수준이었다. 44~87점을 받은 아이들은 전반적인 내용은 이해하지만 세부적인 내용은 이해하지 못하는 수준, 88~100점을 받은 아이들은 교과서의 세부적인 내용까지 파악하는 수준으로 조사되었다.

어휘력 진단평가에서 88점이 넘는, 즉 교과서의 세부적인 내용까지 파악해 혼자서도 공부할 수 있는 아이의 비율은 9퍼센트밖에 되지 않았다. 10명 중 단 1명만이 다른 사람의 도움 없이 교과서 내용을 이해할 수 있다는 이야기이다. 나머지 91퍼센트는 누군가의 도움 없이는 교과서의 내용을 파악할 수 없는 상황이었다. 놀라운 사실은 교과서를 읽어도 내용 파악이 전혀 안 되는, 43점 이하의 점수를 받은 아이들이 11퍼센트나 된다는 점이다.

최근 온라인 비대면 수업이 많아지면서 자기주도학습의 중요성이 더욱 커지고 있는데, 진단평가 결과대로라면 중학교 3학년 아이들 가운데 10명 중 1명만 자기주도학습이 가능한 상황으로 볼 수 있다. 혼자서는 교과서를 읽어도 내용을 이해할 수 없다면 자기주도학습을 하는 건 불가능하기 때문이다.

중학교 3학년 어휘력 진단평가 결과

중학교 3학년 아이들을 대상으로 한 '어휘력 진단평가'에서 교과서의 세부 내용을 혼자 힘으로 이해할 수 있는 아이의 비율은 9퍼센트밖에 되지 않았다. 나머지 91퍼센트의 아이들은 누군가의 도움 없이는 교과서 내용을 이해할 수 없다는 의미이다.

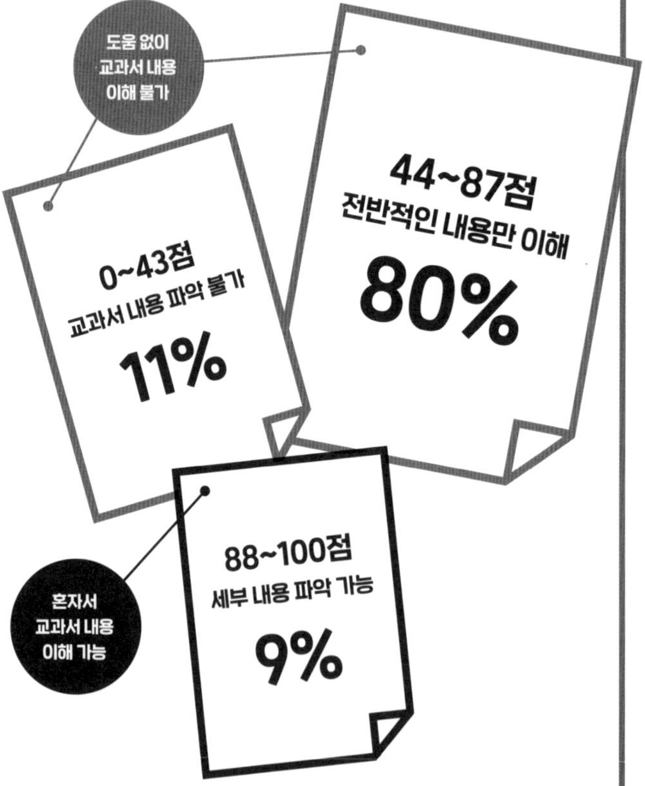

중학생의 어휘력은 학습도구어와 연결된다

EBS 〈당신의 문해력〉 제작팀은 인하대학교 국어교육과 신명선 교수, (주)낱말과 함께 중학교 3학년 국어·사회·과학 교과서에 등장하는 어휘를 전수 분석했다. 6개 출판사에 나온 총 16권의 교과서를 대상으로 했다. 그 결과 세 과목 교과서 전체의 어휘가 총 2만 4,501개라는 것을 확인했다. 그중 교과서를 읽고 이해하는 데 꼭 알아야만 하는 어휘는 2,440개였다. 중학교 3학년 아이들을 대상으로 한 어휘력 진단평가는 바로 이 어휘들로 이루어졌다. '어휘력 진단평가'는 아이들이 교과서 내용을 얼마나 이해하고 있는지 알아보기 위한 평가이기도 했다.

교과서를 읽고 이해하는 데 알아야 할 어휘를 '학습도구어'라고 한다. 학습도구어는 교과서와 같은 학술 텍스트에 자주 등장하는 단어이며 일상에서 대화할 때 자주 사용하는 어휘와는 구별된다. 예를 들어 우리가 일상에서는 '나누다'라는 표현을 자주 쓰지만 교과서에는 분류하다, 구분하다, 분석하다, 구별하다 등의 단어들로 표현된다.

분류, 구분, 분석, 구별은 모두 '나누다'라는 의미를 갖고 있지만 세부적인 뜻은 조금씩 다르다. 분류는 '일정한 기준을 갖고 나눌 때', 분석은 '하나의 대상을 개별 요소에 따라 여러 부분으로 나눌 때' 사용하는 단어로 미세한 의미의 차이가 있다. 가령

중학교 3학년 국어·사회·과학 교과서 학습도구어

중학교 3학년 국어·사회·과학 교과서에 등장하는 어휘를 전수 분석한 결과 총 어휘는 2만 4,501개였는데, 이 가운데 학습도구어는 2,440개였다. 교과서에 등장하는 전체 어휘 중 약 10퍼센트는 학습도구어로 분류되었다. 학습도구어는 학술 텍스트에 자주 등장하는 어휘로 일상어와는 구별된다.

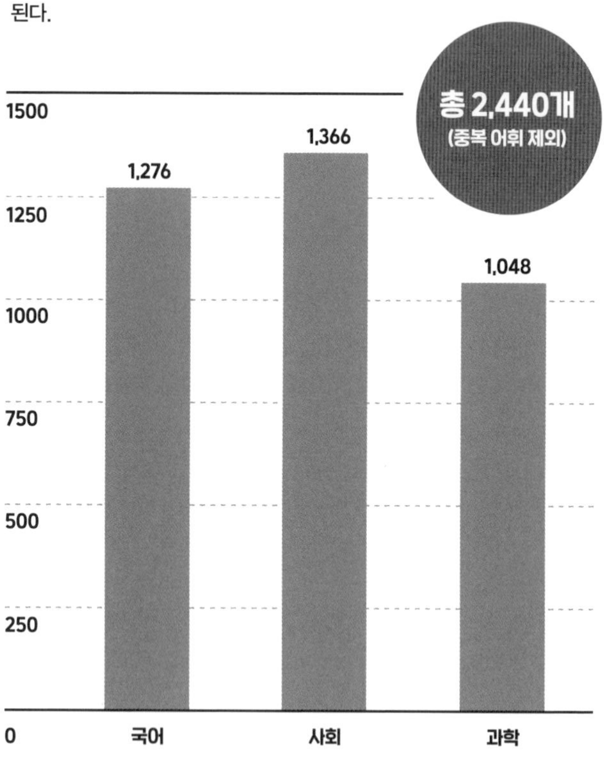

출처 | 인하대학교 신명선 교수 연구팀, (주)낱말

어떤 꽃을 뿌리와 줄기, 잎사귀와 꽃 등으로 나누어 자세히 들여다보며 특성을 파악하는 것은 '분석하다'이다. 그런데 '개화시기'에 따라 꽃들을 '봄에 피는 꽃', '여름에 피는 꽃'과 같은 방식으로 나누는 것은 '분류하다'가 된다. 그냥 '나누다'라고 표현할 때보다 '분류', '분석'과 같은 단어를 사용하면 좀 더 정교하고 섬세한 표현을 할 수 있다.

교과서는 학습 과정에서 가장 중요한 도구이다. 교과서를 읽고 내용을 이해해야, 즉 학습도구어를 이해해야 학습의 첫발을 내디딜 수 있다. 학습도구어의 미세한 의미 차이를 세밀하게 파악하느냐 파악하지 못하느냐는 학습 내용을 이해하는 데 있어 큰 차이를 가져온다. 게다가 고학년으로 올라갈수록 교과서에는 난이도 높은 학습도구어들이 더 많이 등장한다. 따라서 아이들이 제 학년에 반드시 알아야 할 어휘의 뜻을 정확하게 이해하고 활용하는 역량을 키우는 일은 매우 중요하다.

어휘력이 학업성취도에 미치는 영향

어휘력은 학업성취도에 어떤 영향을 미칠까?

EBS 〈당신의 문해력〉 제작팀은 인하대 신명선 교수와 함께 어휘력 부족이 학업성취도에 어떤 영향을 미치는지 구체적으로 알아보기 위해 중학교 3학년 아이들을 대상으로 두 가지 실험을 했다. 시선이 이동하는 위치 또는 움직임을 추적하는 시선추적장치를 이용해 글을 읽다가 부적절한 단어나 모르는 단어가 나올 때 아이들이 어떤 반응을 보이는지 관찰하는 실험이었다.

먼저 단어 사용의 오류가 있는 글을 읽을 때 아이들이 어떻게 반응하는지를 살펴보았다. 2020년 9월 21일 〈동아사이언스〉에

게재된 '개미 사회에도 감염병에 맞선 치열한 투쟁이 있다'라는 글을 읽게 했는데, 곳곳에 부적절한 단어를 넣어 그 단어에 머무르는 아이들의 시선을 확인했다.

- 유래(**유례**) 없는 신종 코로나바이러스 감염증(코로나19) 사태에 인류가 당황하고 있다.
- 동충하초 균류는 개미 몸으로 들어가 감염된 개미를 조장(**조정**)한다.
- 동물 사회가 질병의 확충(**확산**)을 줄이기 위해 능동적이고 민첩하게 움직인다는 사실을 확인한 최초의 과학적 연구였다.

제작팀에서 의도적으로 대치해놓은 부적절한 단어는 글의 핵심어나 화제어가 아닌 것들이었다. 글을 읽을 때 핵심어와 화제어를 파악하는 것이 매우 중요하지만, 글의 세부 내용까지 파악하기 위해서는 반드시 비핵심어까지 정확하게 해석할 수 있어야 한다. 이 실험은 읽기에 능숙한 사람과 그렇지 못한 사람이 글을 읽을 때 비핵심어에 얼마나 주목하고, 그것의 의미를 파악하기 위해 얼마나 집중하는지 그 차이점을 확인하기 위한 것이었다.

어휘력이 부족한 아이들의 경우는 부적절한 단어가 나와도 주목하지 않았고, 아예 모르는 단어나 확실히 아는 단어에만 집중하는 모습을 보였다. 반면 어휘력이 높은 아이들은 부적절한 단어에 시선을 고정하는 시간이 길었고, 다음 내용으로 넘어갔다가도 다시 부적절한 단어로 돌아와 주목하는 모습을 보였다. 두 번째 실험도 같은 내용이었지만 어휘의 난이도가 다른 두 개의 글을 제시했다. 그리고 시선추적장치를 이용해 난이도가 높은 글을 읽을 때와 쉬운 글을 읽을 때의 반응이 어떻게 달라지는지 확인했다. 예를 들어 '기름기가 많은 음식'이라고 표현한 글과 '지방질을 다량 함유하고 있는 식품'이라고 표현한 글은 결국 같은 의미이지만 어휘의 난이도에 큰 차이가 있다. 이러한 어휘의 난이도가 아이들의 읽기에 어떤 영향을 미치는지 알아보는 실험이었다.

어휘력 점수가 낮은 아이들의 경우 쉬운 어휘들로 이루어진 글은 끝까지 잘 읽어 내려갔다. 그러나 '산패'와 같은 어려운 단어가 나타나자 시선이 흔들리기 시작했고 읽다가 멈추기를 반복하면서 결국은 끝까지 읽지 못했다. 어휘력 부족이 읽기를 중도에 포기하게 되는 중요한 이유라는 점을 알 수 있었다.

반면 평소에 독서량이 많고 어휘력 점수도 높은 아이들은 '산패' 같은 어려운 단어가 등장해도 흔들림 없이 일정한 속도로 글을 읽어 내려갔다. 쉬운 어휘로 이루어진 글은 뭔가 설명하다 만 느낌이어서, 정확한 내용을 이해하기에는 오히려 어려운 어휘로 이루어진 글이 더 도움이 되었다고 말하는 아이도 있었다.

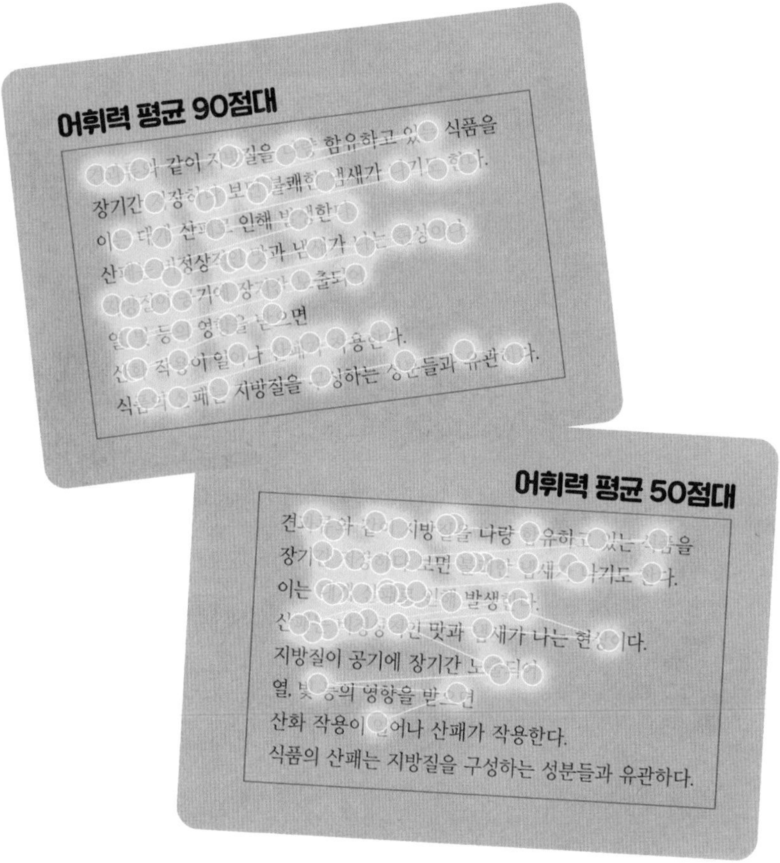

어휘력 수준에 따른 시선추적 비교

어휘력 점수가 높은 아이는 어려운 단어가 나와도
흔들림 없이 일정한 속도로 글을 읽어 내려간 반면(위),
어휘력 점수가 낮은 아이는 어려운 단어가 나오면
시선이 흔들리면서 중도에 읽기를 포기했다(아래).
이 실험을 통해 어휘력이 읽기 능력에
커다란 영향을 미친다는 점을 확인할 수 있었다.

어려운 단어가 나오자 끝까지 읽기를 어려워하며 중도에 포기하는 모습을 보였던 어휘력이 낮은 아이들과는 극명하게 대립되는 모습이었다.

시선추적 관찰 결과는 아이들의 어휘력 차이가 글을 읽는 태도와 글의 내용을 이해하는 수준에 큰 영향을 미친다는 사실을 보여주었다. 특히 어려운 단어를 접했을 때의 태도가 많이 달랐고 비핵심어까지 세밀하게 해석하려 노력하는지 여부에서도 차이를 보였다. 어휘력 수준에 따라 달라지는 글 읽는 태도는 교과서를 읽을 때나 시험 문제를 풀 때도 같은 양상으로 전개되게 마련이다. 즉 어휘력 수준이 낮은 아이들은 혼자서 교과서를 읽거나 시험 문제의 지문을 읽을 때 어려운 어휘가 나오면 그냥 건너뛰는 바람에 내용을 제대로 이해하지 못할 가능성이 크다. 결국 어휘력 수준은 전반적인 학업성취도에 큰 영향을 미칠 수밖에 없다.

미국의 어휘력 교육, 이렇게 다르다

미국의 초등학교에서는 교사가 그날 배울 교과 내용에 나오는 단어들의 뜻을 설명하면서 수업을 시작한다. 배워야 할 단어들이 적힌 카드를 칠판에 붙여놓고 의미를 쉽게 풀어 설명해준다.

어떻게 읽고 쓰는지도 자세히 알려준다. 그다음에는 아이들이 모둠 활동을 통해 배운 단어를 확실히 이해할 수 있도록 복습 시간을 갖는다. 일주일에 한 번은 단어 시험도 본다.

언뜻 보면 국어 시간에나 있을 법한 수업 내용이지만, 미국 초등학교에서는 역사와 사회, 수학을 비롯한 모든 과목의 수업에서 교과서에 나오는 어휘의 뜻부터 알려준다. 교과서 내용을 이해하는 데 핵심이 되는 주요 어휘를 먼저 익히면 아이들이 수업 내용을 훨씬 수월하게 이해할 수 있기 때문이다.

이런 수업이 가능한 것은 특별한 교과서 덕분이다. 교과서의 왼쪽 페이지에는 오른쪽 교과 내용에 나오는 주요 어휘에 대한 설명이 나와 있다. 교과 내용에도 주요 어휘에는 컬러로 표시를 해 강조한다. 교사들은 본격적인 수업에 들어가기 전에 주요 어휘에 대해 먼저 설명하고, 교과 내용을 공부하는 도중에도 주요 어휘가 나오면 다시 한번 강조해서 설명한다.

이러한 특별 교과서 개발에 참여했던 한 관계자는 "어떤 교과목이든 성공적인 학습을 하려면 학습도구어를 잘 알고 있어야 한다. 학교에서 모든 학생들이 학습도구어를 잘 배울 수 있도록 도와주는 것이 교사의 일이다"라고 어휘력 교육의 중요성을 설명했다.

사회 시간이 되어 교과서를 펼쳤을 때 천연자원, 광물, 화석연료, 보존, 환경, 오염과 같은 어휘가 먼저 등장한다면 아이들

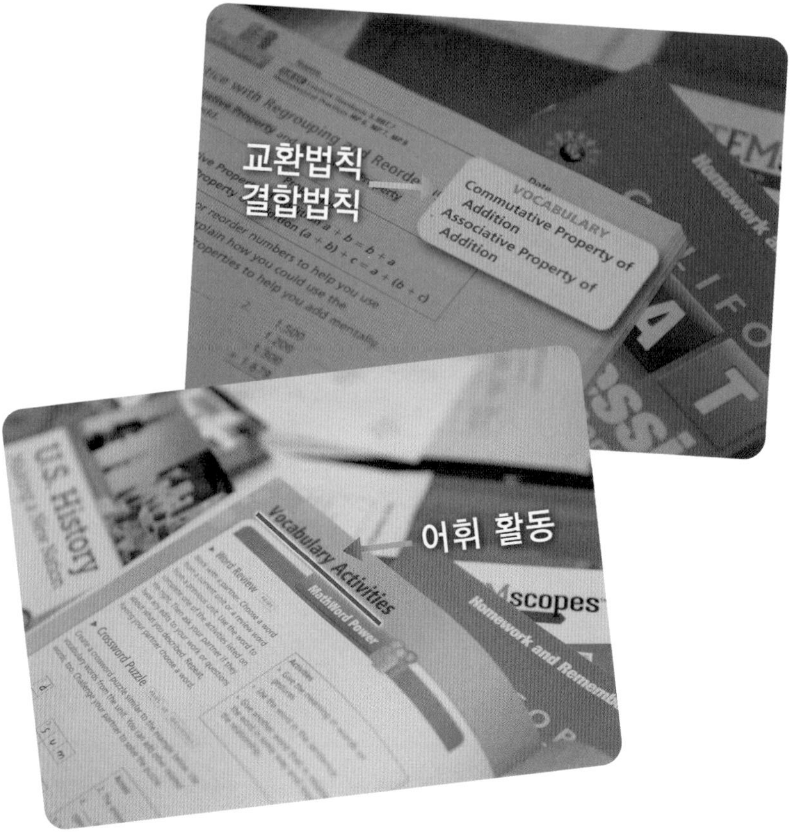

어휘 수업을 효과적으로 할 수 있도록 구성된 미국 교과서

미국의 초등학교에서는 모든 교과서를 어휘력 교육에 중점을 두도록 개편했다.
교사는 그날 배울 교과 내용에 나오는 단어들의 뜻을 설명하면서
수업을 시작한다. 수학 교과서에도 교환법칙, 결합법칙과 같은
주요 어휘에 대한 설명이 되어 있고(위),
한 단원이 끝나면 배운 어휘를 복습하도록 퀴즈 풀기가 제시된다(아래).

은 이 핵심 어휘를 토대로 무슨 내용을 배울지 예상할 수 있다. 그것만으로도 큰 성과다. 거기에 각 단어의 의미와 쓰임까지 설명해주기 때문에 교과 내용을 이해하는 데 큰 도움이 된다. 여기서 끝나지 않고 부록으로 워크북까지 첨부되어 있어 문제를 풀면서 배운 어휘들의 의미를 제대로 이해했는지 확인하는 과정으로 이어진다. 사회 과목인데 국어 과목만큼이나 어휘 공부에 정성을 쏟는 것이다.

미국은 미래의 가장 중요한 핵심 역량이 문해력이라는 인식을 사회적으로 공유하고 있다. 국가 정책 차원에서 지원도 한다. 2010년에는 새로운 교육 과정을 발표하면서 모든 교과서를 어휘력 교육에 중점을 두도록 개편했다. 어휘력이 뒷받침되어야 교과서 내용을 이해하는 문해력도 함께 향상될 수 있다고 판단했기 때문이다.

이런 시스템에서라면 적어도 공부를 하려는 의지가 있는 아이들이 교과서에 나오는 단어의 뜻을 몰라 공부를 포기하는 일은 없을 듯하다. 사실 공부를 하고 싶어도 교과서 내용을 이해하지 못해 포기하는 아이가 적지 않다. 이 아이들 중에는 약간의 도움만 받아도 금방 따라올 수 있는 아이들이 많다. 어휘력 향상을 통해 교과 내용을 이해할 수 있으면 금세 공부에 재미를 붙일 수 있기 때문이다.

어휘 이해도는 수업의 질을 어떻게 바꿀까?

그렇다면 과연 교과서에 나오는 핵심 어휘를 먼저 이해한 뒤 본격적인 수업에 들어가면 어떤 변화가 일어날까? 이에 대한 답을 얻기 위해 한 중학교의 역사 수업 시간을 관찰했다. 붕당, 인조반정, 예송논쟁 등과 같은 내용을 공부해야 하는 시간이었다. 이 학교에서 역사를 가르치는 김세은 교사가 예시로 보여준 교과 내용은 다음과 같았다.

- 사림이 정권을 장악하고 나서 서인과 동인으로 분화, 분당된다. 그래서 붕당이 형성된다.
- 이자겸은 인종의 외할아버지였는데 장인이 되었다.

아이들은 '붕당'과 '장인'의 뜻을 몰라 고개를 갸웃거렸고, 이내 지루한 듯 집중력이 흐트러지는 모습을 보였다. 수업이 끝난 뒤 마인드맵을 통해 아이들이 수업 내용을 얼마만큼 이해했는지 확인하자 문제점은 더 명확하게 드러났다. 마인드맵은 핵심 키워드를 하나 제시한 뒤에 관련해서 떠오르는 단어들을 죽 연결해서 적는 것인데, 대부분의 아이들이 서너 개의 단어를 적는 데 그쳤다.

수업을 마친 김세은 교사는 "솔직히 얼마나 지루할까 그런

핵심 어휘 공부를 하지 않고 수업했을 때

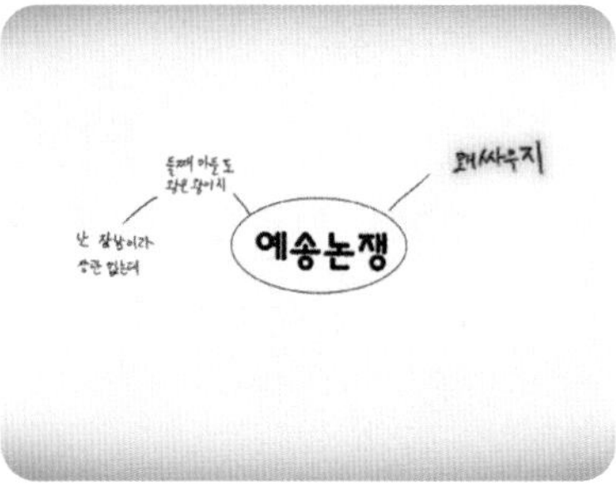

핵심 어휘 공부를 먼저 하고 수업했을 때

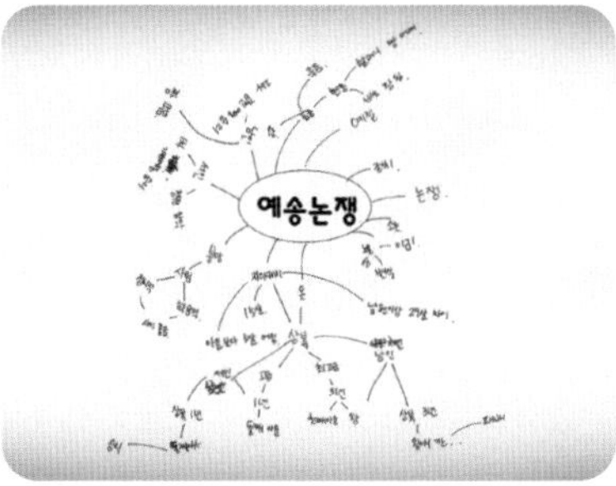

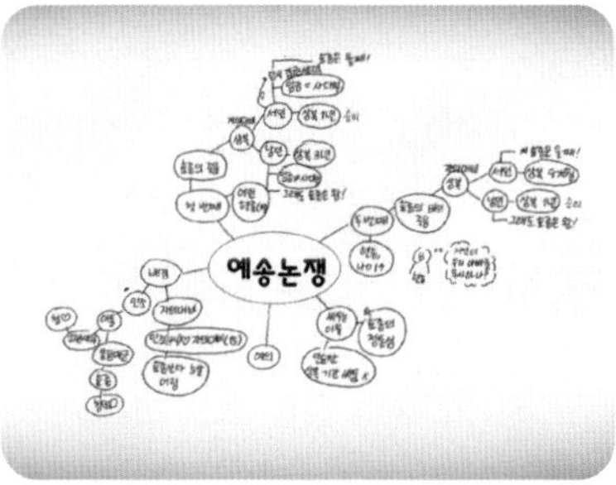

어휘 설명 전 vs. 어휘 설명 후 수업 이해도의 차이

교과 내용에 나오는 핵심 어휘의 의미를 먼저 설명해준 후에
수업을 했을 때(아래)와 그렇지 않을 때(위)
각각 아이들이 작성한 마인드맵을 보면
수업 이해도에 커다란 차이가 있다는 점을 알 수 있다.

생각이 들었다. 저러다 아이가 그냥 포기해버리면 어떡하지 하는 걱정도 되었다"라고 속마음을 털어놓았다.

이번에는 어휘를 몰라 수업을 포기하는 아이들이 없도록 새로운 시도를 해보기로 했다. 교과 내용을 본격적으로 공부하기 전에 아이들에게 따로 시간을 주고 모르는 단어를 찾아 그 뜻을 먼저 알아보도록 한 것이다. 아이들이 찾은 단어 중에는 정계, 정권, 반정, 공론, 예송처럼 그날 수업에서 꽤 중요한 비중을 차지하는 어휘가 많았다.

단어의 뜻을 먼저 찾아보게 한 다음 본격적인 수업에 들어가서도 핵심 어휘가 나오면 그 의미를 다시 한번 짚어주었다. 예를 들어 "인조가 광해군을 몰아내고 '정권, 정치적 힘'을 잡았어요. 그리고 '공론, 모든 사람의 공통된 의견'을 바탕으로 정치를 했어요"와 같은 식으로 설명을 해줬다. 그러자 아이들은 수업에 집중하면서 교사의 질문에도 척척 대답을 했다. 이 수업의 효과는 마인드맵 그리기 결과에서도 고스란히 드러났다.

수업을 진행한 김세은 교사는 새로운 방식의 수업에 대해 "단어 수업을 먼저 한 반이 오히려 강의식 수업을 조금 해도 됐다. 아이들이 어휘 공부를 미리 해서 마치 영화 예고편을 본 것처럼 다음에 무슨 내용이 나오는지 알고 있었다. 그래서 더 잘 이해하고 몰입도도 더 커졌다"라고 평가했다.

이 수업에 참여한 아이는 "예전에는 그냥 무슨무슨 제도라고 이름만 알고 뭐 하는 제도인지 모르고 넘어갔는데 단어의 뜻을 아니까 '아! 이 제도의 이름이 이렇게 해서 붙여진 거구나' 하고 이해하기가 쉬웠다"라고 말했다. 다른 아이 역시 "단어를 찾아보면서 수업을 들으니까 제대로 알고 있는 단어가 아닌데도 내가 안다고 착각을 하고 있었다는 생각이 들었다. 좀 더 쉽게 이해하려면 외우려 하지 말고 그 뜻을 정확하게 파악하는 것이 중요하다"라며 수업에 대해 만족감을 드러냈다.

똑같은 교사의 수업인데도 어휘 공부를 먼저 했을 때와 그렇지 않았을 때의 결과가 판이했다. 교과서 내용을 이해하는 데 필수적인 핵심 어휘를 정확하게 짚어주면서 수업을 하니 아이들의 눈빛과 반응부터 달랐다. 수업 내용을 알아들으니까 흥미도 생기고 몰입도도 높아진 것이다.

공부가 즐거워지는 어휘 학습법

단어의 의미와 쓰임을 정확하게 익히는 어휘 학습법

지금까지 살펴본 바와 같이 어휘력 부족은 모든 과목에 걸쳐 학업성취도에 부정적 영향을 미친다. 교과 내용을 이해할 수 없는 것은 물론이고 수업에 재미를 느끼지 못해 아예 공부를 포기하는 상황에 이를 수도 있다. 이러한 문제를 예방하기 위해서는 공교육 시스템 내에 아이들의 어휘력 증진을 위한 교육이 의무화되어야 한다.

정규 교과 과정에 어휘 교육을 의무화한다면 과연 어떤 변화가 일어날지 알아보기 위해 중동중학교 윤윤 교사가 6명의 아이들과 함께 10주간에 걸친 '어휘력 향상 프로젝트'를 진행했다. 6명의 아이들은 시선추적 방식을 통해 어휘력 점수가 읽기 능력에 어떤 영향을 끼치는지 알아보는 실험에 참여한, 어휘력 점수가 낮은 그룹에 속한 아이들이었다.

윤윤 교사가 평소에 공부하던 사회 교과서를 보면서 뜻을 모르는 단어가 있으면 표시하라고 하자 아이들은 낯선 단어를 찾아 형광펜으로 칠하기 시작했다. 이미 지난 수업 시간에 배운 부분이었는데도 모르는 단어가 잔뜩 나왔고, 심지어 해당 단원 제목의 뜻도 모르겠다며 체크하는 아이도 있었다. 많은 아이들이 체크한 단어는 영위하다, 분산, 실물자산, 예금, 부채, 채권, 연금, 적금, 적정한, 일련의, 금융, 차용, 부동산, 채무 등으로 그리 어렵지 않은 단어도 많이 포함되었다.

문장의 빈칸에 적절한 단어 넣어보기

윤윤 교사는 글을 읽고 빈칸에 적절한 단어를 넣어보는 게임으로 어휘력 향상 수업을 시작했다. 문제로 나온 글은 사회 교과서에도 나오는 내용이었다. 아이들은 게임처럼 진행되는 어휘 수업에 적극적으로 참여해 빈칸에 들어갈 단어는 무엇인지, 또 그 뜻은 무엇인지 말해보는 미션에도 도전했다. 이런 방식으로 사회 교과서를 이해하는 데 필요한 핵심 어휘를 공부하는 것이 바로 '어휘력 향상 프로젝트'의 목표였다.

모두들 열심히 참여했지만 정답을 쉽게 맞히지는 못했다. 수업 시간에 배웠던 단어들도 틀리기 일쑤였다. 또 빈칸에 들어가야 할 단어는 알고 있었지만, 그 의미를 정확히 모르는 경우도 있었다. 가령 한 아이는 1번 문제에서 빈칸의 답이 '효력'이라는 건 알고 있었지만, 효력의 의미를 묻자 '힘'이라고 대답했다. 단어의 정확한 의미를 모르고 뉘앙스로만 파악하고 있었던 것이다. 2번 문제의 답은 '결산'이었는데 답을 맞힌 아이가 없었다. 한 아이는 '집행'이라고 틀린 답을 제시했고, 그 의미에 대해서도 '정해진 일을 실행하는 것'이라고 다소 모호하게 설명했다.

1. 국회는 입법과 관련하여 법률의 제정 및 개정 권한, 헌법 개정의 제안 및 의결 권한을 가진다. 또한 외국과 맺어진 조약은 법률과 동일한 □을 가지므로 조약 체결에 관한 동의권을 가진다.
2. 매년 정부가 제출한 예산안을 심의하여 확정하고, □ 심사를 통해 정부가 예산을 합리적으로 집행하였는지를 확인한다.

배운 단어를 활용한 '한 문장 쓰기' 연습

빈칸에 들어갈 단어 찾기 게임을 하고 난 후에 아이들에게 소감을 물었다. 한 아이는 "안다고 생각한 단어인데도 뜻을 두루뭉술하게 알고 있던 것이 많았고, 그런 단어들을 알게 되어 좋았다"라고 대답했다.

수업이 끝난 다음에는 아이들에게 또 다른 과제를 내주었다. 그날 배운 단어를 활용해 '한 문장 쓰기'를 해보도록 했다. 맥락에 맞게 단어를 넣어 문장을 만들고 직접 써보는 연습은 배운 단어를 복습하는 데 매우 효과적이다. 실제 생활에서 단어를 정확하게 활용하는 수준까지 나아가려면 문장 쓰기 연습을 통해 확실하게 자기 것으로 만드는 과정이 매우 중요하다.

이 수업을 기획한 신명선 교수는 '한 문장 쓰기'의 중요성에 대해 "대개 단어의 뜻만 알면 된다고 생각하는 경우가 많은데 더 중요한 것은 단어가 어떤 맥락에서 사용되는지, 그리고 어떤 뉘앙스로 쓰이는지 아는 것이다. 그래야 진짜 안다고 할 수 있다. 그러려면 실제로 문장을 쓰면서 다양한 단어를 사용해봐야 한다"라고 설명했다.

모르는 단어가 있으면 사전을 통해 의미를 정확하게 파악하는 것이 필요한데, 이때 사전에 제시된 예문들도 함께 읽어보며 이해하는 게 좋다. 그런 다음에는 단어를 넣어 문장을 써봄으로써 실제로 어떻게 활용되는지 확실하게 익혀야 한다. '나았다'와 '낳았다'처럼 뜻이 헷갈리는 단어도 문장 속에 넣어 써보면 정확한 뜻을 알게 된다. 해당 단어를 넣어 문장을 써보거나 일상에서 그 단어를 사용해 대화를 해보는 등 직접 활용해보는 것이 가장 좋은 어휘 학습법이다.

학습에 꼭 필요한 학습도구어부터 공부하기

신명선 교수는 '한 문장 쓰기' 외에 어휘력을 향상시키려면 학습도구어와 같이 학습에 꼭 필요한 어휘부터 공부하는 것이 중요하다고 강조했다. 표준국어대사전에 등재된 어휘 수는 50만여 개에 이른다. 어휘력을 키우고 싶다고 해서 그 단어들을 모두 외우는 것은 불가능하다. 따라서 특히 중학교와 고등학교 아이들은 교과서 내용 파악에 도움이 되는 학습도구어를 먼저 익혀야 한다. 학습도구어는 일상에서 대화할 때 자주 쓰는 어휘가 아니므로 따로 공부를 해서 의미를 알아둬야 자기 것으로 만들 수 있다.

유의어 · 반의어를 활용해 단어 의미 파악하기

유의어·반의어를 활용하는 것도 좋은 어휘력 학습법이다. 예를 들어 확산, 확장, 확대라는 세 개 단어는 언뜻 보기에 비슷한 말인 것 같지만 의미가 조금씩 다르다. 확산은 '흩어져 퍼진다'라는 뜻이고, 확장은 '범위나 세력을 늘려서 넓힌다'라는 뜻이며, 확대는 '모양이나 크기를 늘여서 크게 한다'라는 뜻이다. 같은 방법으로 지향, 지양과 같이 반대되는 의미의 단어도 비교해 본다. 지향과 지양은 많은 사람이 혼동해서 쓰는데, 그 뜻을 알면 그럴 일이 없다. 완전히 다르게 사용되는 말이기 때문이다. 지양은 '어떤 것을 하지 않는다'라는 뜻인데, 지향은 '어떤 곳을 향해 나아간다'라는 뜻이다.

이처럼 유의어와 반의어를 비교하면서 정확한 뜻을 파악해가다 보면 단어의 의미를 더욱 정교하게 이해할 수 있다. 그 과정에서 어휘력도 향상되고 단어의 뜻을 확실히 알게 되어 헷갈릴 일도 없게 된다.

어휘력 향상이 공부 자신감을 키워준다

교사와 아이들은 매주 다양한 형태의 어휘 수업을 함께했다. 전체 문장에서 밑줄 친 단어가 적절하게 사용된 것인지 사전에서 찾아본 다음 OX로 표시하기도 했고, 빈칸에 적절한 단어 스티커를 붙여본다거나, 스피드퀴즈 형식으로 단어의 뜻을 설명하고 맞히는 등 프로젝트가 진행되는 동안 300개가 넘는 어휘들을 공부했다.

프로젝트를 진행한 윤윤 교사는 아이들이 수업에 적극적으로 참여하고, 내용 설명을 알아듣기 시작했다는 사실을 전하며 만족감을 나타냈다. 과연 아이들은 수업에 임하는 태도만 달라졌을까? 그동안 아이들에게는 어떤 변화가 있었을까?

어휘력 향상 프로젝트의 마지막 수업이 있던 날, 윤윤 교사는 어휘력 테스트를 진행했다. 한 학기 만에 다시 하는 테스트였다. 먼저 책을 덮으라고 한 뒤 25개의 문제를 푸는 데 시간이 얼마나 필요하겠냐고 물었다. 그러자 자신감이 생긴 한 아이가 10분이면 된다고 대답했다. 실제로 그 아이는 10분 만에 25개의 문제를 모두 풀었다.

시험을 마치고 정답을 맞혀보면서 시험에 나왔던 단어의 뜻을 물어보자 아이들은 척척 대답을 이어갔다. 6개월 전 답을 맞히지 못하고 자신감도 없어 보이던 모습과는 완전히 달랐다. 어휘력 점수도 6개월 전보다 평균 20점 가까이 올랐다. 사교육의 도움 없이 거둔 성과였다.

한 아이는 "이 프로젝트를 하기 전에는 어려운 단어가 있어도 대충 넘겼다. 그런데 프로젝트에 참여해 공부하다 보니 단어에 대해 알고 싶어져서 물어보게 되는 것 같다"라고 달라진 점을 이야기했다. 또 다른 아이는 "문제가 쉽게 잘 풀려서 신선한 느낌을 받았다. 너무 행복하다"라고 말하며 진심으로 기뻐했다.

프로젝트 수행 이후 시험 점수에서도 괄목할 만한 성장을 보였지만 무엇보다 달라진 건 아이들에게 할 수 있다는 자신감이 생겼다는 것이다. 눈빛에도 의욕이 넘쳤고 어떤 과제이든 적극적으로 참여해 해결하려는 모습을 보여주었다. 예전에는 공부보다는 친구들이랑 어울리는 것을 좋아하는 아이들이었지만 어휘 공부를 시작하면서 학습에 대한 태도와 마인드까지도 달라진 것이다.

사실 성적을 올리는 것도 참 어려운 일이지만, 진짜 힘든 일은 공부에 대한 태도 그리고 하고자 하는 의지를 바꾸는 것이다. 프로젝트에 참여한 6명의 아이들은 처음에는 의지도 약하고 자신감도 부족했지만, 적절한 도움을 받으면서 의지를 다지고 자신감을 키워나갔다. 그리고 결국은 학습 의욕이 넘치는 적극적인 아이들로 변했다. 바로 이것이 '어휘력 향상' 프로젝트가 거둔 가장 큰 결실이었다.

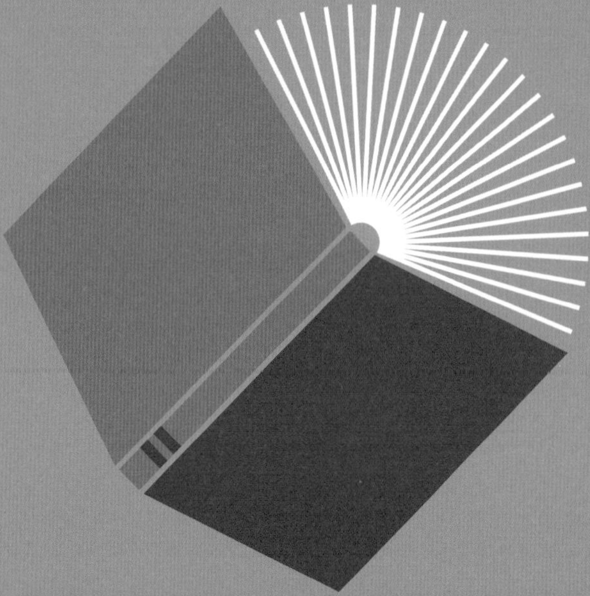

| 제5장 |

디지털 키즈, 책 읽기의 즐거움 발견하기

하루 24시간 컴퓨터, 스마트폰 등 디지털 기기와 함께하는 아이들은 책을 읽지 못하는 것이 아니라 책을 읽지 않는 '책맹'이 되어가고 있다. 하지만 디지털 시대에도 글을 읽고 이해하는 능력은 반드시 필요하며, 이러한 문해력을 키우는 가장 좋은 방법은 독서이다. 아이들은 '책맹 탈출 프로젝트'를 통해 긍정적인 독서 경험을 하고 책 읽기의 즐거움을 발견할 수 있었다.

24시간 디지털에 노출된 아이들

디지털 기기와 함께하는 아이들의 일상

중학교 3학년인 우진이는 아침 6시에 기상하는 아침형 인간이다. 그런데 일찍 일어나는 목적이 친구들과 온라인에서 만나 게임을 하기 위해서이다. 그렇게 세 시간여 게임을 하다가 9시가 되면 온라인 수업을 시작하는데, 아침에 일찍 일어난 탓에 정작 수업 시간이 되면 꾸벅꾸벅 졸기 시작한다.

수업 시간 내내 졸던 우진이는 쉬는 시간이 되자 다시 게임을 하면서 눈빛이 되살아나고 의지가 샘솟았다. 온라인 수업이 끝난 뒤에는 컴퓨터 앞에서 벗어나 곧바로 방으로 향했다. 그러고는 스마트폰으로 게임 동영상을 시청하기 시작했다. 잠에서 깨면서부터 컴퓨터 앞에 앉았던 우진이는 잠들기 전까지 스마트폰을 손에서 놓지 못했다.

하루에 열두 시간 이상 게임을 하는 날도 있다는 우진이의 상황을 우진이 엄마도 잘 알고 있었다. 하지만 적극적인 통제는 하지 못했다. 요즘 아이들에게는 친구들과 온라인에서 만나 게임을 하며 노는 것이 중요한 놀이 문화이기 때문이다. 게임을 하지 못하게 하면 친구 관계가 단절되지 않을까 하는 우려도 있었다.

역시나 중학교 3학년인 다온이의 일상도 다를 게 없었다. 다온이네 집 거실에는 컴퓨터가 세 대나 설치되어 있었다. 온라인 수업을 원활하게 할 수 있도록 엄마가 큰맘 먹고 마련한 것이다. 하지만 늘어난 건 온라인 수업에 대한 열의가 아니라 게임하는 시간이었다. 엄마가 다온이에게 오늘의 계획을 묻자 "게임! 게임! 게임! 게임!"이라고 대답할 정도였다.

다온이 엄마 역시 아이의 게임 시간을 적극적으로 통제하지 못했다. 그 이유도 우진이네랑 비슷했다. 요즘은 꼭 밖에서 친구들을 만나는 게 아니라 온라인에서 그룹을 지어 게임하면서 놀 때가 많으니까 그걸 하지 못하게 하면 친구관계나 의사소통에 문제가 생기지 않을까 염려가 됐기 때문이다.

그렇다면 이렇게 게임을 좋아하는 우진이와 다온이에게 특별한 문제가 있는 걸까? 그렇지 않다. 사실 10대의 또래들 대부분이 TV, 컴퓨터, 스마트폰 같은 디지털 기기와 하루 24시간을 보낸다. 수업을 들을 때도, 친구들과 놀이를 할 때도 디지털 기기와 함께한다. 아이들의 하루가 디지털 기기에 점령당했다고 해도 과언이 아니다.

코로나19로 인해 온라인으로 비대면 수업이 이루어지면서 디지털 기기를 이용한 인터넷 이용 시간은 더욱 늘어났다. 2021년 5월 통계청과 여성가족부가 함께 발표한 〈Z세대 너를 알고 싶어! 2020년 청소년 통계〉에 따르면, 10대 청소년은 일주일 평균 기준으로 인터넷을 27.6시간 사용한 것으로 집계되었다. 2019년에는 17.6시간이었는데 무려 10시간이나 늘어난 셈이다.

더 심각한 문제는 10대 청소년들의 '스마트폰 과의존 위험도'가 높아지고 있다는 점이다. 앞의 보고서에 따르면, '스마트폰 과의존 경험'이 있느냐는 질문에 '그렇다'고 응답한 비율이 2019년 30.2퍼센트에서 2020년 35.8퍼센트로 늘어났다. 일상생활에서 스마트폰을 사용하지 않으면 금단 증상을 겪을 정도여서 전문기관의 도움이 필요한 수준은 '고위험군'에, 스마트폰 사용 시간이 점점 더 늘어나 스스로 조절하는 데에 어려움을 겪고 있어 주의가 필요한 수준은 '잠재적 위험군'에 속한다. 10대 청소년 10명 중 4명 정도는 고위험군 내지 잠재적 위험군에 속한다는 이야기이다.

텍스트 소비 줄고 동영상 소비 늘었다

디지털 기기 사용률과 인터넷 사용 시간이 늘어나면서 동영상에 대한 소비도 많아지고 있다. 글로벌통신장비업체인 에릭슨엘지가 발표한 〈애플리케이션 카테고리별 월별 모바일 트래픽 조사 결과〉에 따르면, 2019년 모바일 데이터 트래픽에서 '동영상'이 차지하는 비율은 약 60퍼센트였다. 2025년에는 그 비율이 4분의 3까지 늘어날 것으로 예측된다.

동영상에 대한 소비는 늘어나고 있지만 텍스트에 대한 소비는 그와 정반대되는 상황이다. 2020년 3월 문화체육관광부가 발표한 〈2019년 국민 독서실태 조사〉 결과에 따르면, 1년간 '종이책과 전자책을 합한 연간 독서율'이 성인의 경우 55.4퍼센트밖에 되지 않았다. 직전 조사인 2017년에 비해 6.9퍼센트포인트가 감소한 결과였다.

요즘은 워낙 다양한 동영상 콘텐츠들을 쉽게 찾아볼 수 있어 접근성과 편리성 면에서 매우 유리한 위치에 있는 것은 맞다. 예전에는 정보를 찾을 때 책이나 신문을 찾아봤으나 요즘은 동영상부터 찾게 된다. 주식투자에 대해 알고 싶다면 '주식투자 길라잡이' 같은 책을 읽지 않아도 동영상 강의를 통해 쉽고 편하게 배울 수 있다. 지금 당장 콩나물무침을 해서 먹고 싶다면 요리책을 찾아 뒤적이지 않아도 스마트폰만 몇 번 터치하면 다양한 요리법이 등장해 취향에 맞는 것을 골라 활용할 수 있다. 디지털 기기를 통해 이용할 수 있는 동영상은 매우 쉽고 편하고 재미있다는 장점을 가진 것은 확실하다.

만 1세 이전부터 스마트폰을 사용하는 아이들

하지만 디지털 기기를 통해 동영상을 접하는 연령이 점점 더 낮아지고 있다는 사실은 정말 심각한 문제이다. 요즘은 그야말로 디지털 기기가 아이를 키우는 시대라고 해도 과언이 아니다. 울고 보채는 아이를 달래기 위해, 아이가 가만히 앉아서 밥을 먹도록 하기 위해 스마트폰이나 스마트패드로 애니메이션과 같은 동영상을 보여준다. 한글과 영어와 숫자를 가르쳐줄 때도, 부모가 잠시 휴식을 취하고 싶을 때도 마찬가지이다.

2019년 〈육아정책연구〉에 발표된 논문 〈영유아의 스마트 미디어 사용 실태 및 부모 인식 분석〉에 따르면, 12개월 이상부터 6세 이하 영유아 자녀를 둔 부모 602명 가운데 59.3퍼센트에 해당하는 357명이 "현재 자녀가 스마트 미디어를 사용하고 있다"라고 응답했다. 이 357명을 대상으로 스마트폰 최초 사용 시기를 확인한 결과, 만 1세(12~24개월 미만)가 45.1퍼센트로 가장 높았고, 만 2세(24~36개월 미만)가 20.2퍼센트, 만 3세(36~48개월 미

만 1세부터 스마트폰에 노출되는 아이들

뇌가 폭발적으로 발달하는 영유아들의 경우 디지털 기기에 과도하게 노출되면 두뇌의 균형적인 발전에 어려움이 따를 수 있다. 그런데 스마트폰에 최초 노출되는 시기가 점점 빨라져 최근 조사에서는 만 1세부터 스마트폰에 노출되는 비율이 절반에 가까울 정도로 높아졌다.

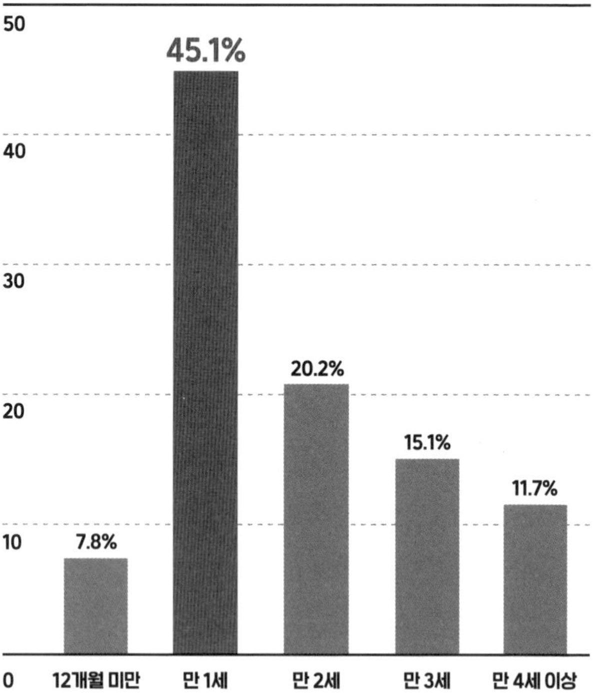

출처 | 오주현·박용완(2019)

만)가 15.1퍼센트 순으로 그 뒤를 이었다. 스마트폰에 최초 노출되는 시기가 만 1세부터라는 응답이 거의 과반수에 이른 것이다. 심지어 생후 12개월 미만일 때 처음 사용했다고 응답한 비율도 7.8퍼센트나 되었다.

뇌가 폭발적으로 발달하는 영유아들의 경우 디지털 기기에 과도하게 노출되면 두뇌의 균형적인 발전에 어려움이 따를 수 있다. 영유아기는 창의적인 기능과 더불어 생각·감정·행동을 조절하고 통제하는 역할을 담당하는 전두엽, 청각 정보 처리를 담당하는 측두엽, 시각을 담당하는 후두엽 등이 골고루 발달해야 하는 시기이다. 그런데 디지털 기기에 과다하게 노출되면 뇌가 골고루 발달하지 못하고 디지털 기기를 이용할 때 자극되는 뇌만 발달하게 된다.

또한 디지털 기기의 자극적이고 즉각적인 영상에 노출되면서 주변 사람들과 다양한 관계를 맺으며 완성해가야 할 사회성에도 문제가 생긴다. 디지털 기기를 사용하는 과정에서 통제력을 잃어버리는 경험을 자주 하면서 자기조절 능력이 떨어지는 아이로 성장할 수도 있다. 2019년 세계보건기구(WHO)에서는 "만 1세 이하 아이는 스마트폰, 텔레비전, 게임기, 컴퓨터 등과 같은 디지털 기기에 노출되어서는 안 되며, 만 2~4세 아이는 하루 한 시간 미만으로 사용해야 한다"라고 가이드라인을 정한 바 있다.

책에서 점점 더 멀어지는 아이들

유행어 '스압 주의'가 보여주는 문해력의 위기

코로나19로 인해 온라인 비대면 수업이 이루어지고 있는 상황에서 교사들은 커다란 고민에 빠졌다. 각종 공지사항을 가정통신문 형태나 단톡방 메시지로 전달해야 하는데, 아이들이 그 내용을 잘 읽지 않거나 읽어도 이해를 하지 못해 제대로 전달되지 않는 경우가 비일비재하기 때문이다. 공지사항은 반드시 정확하게 전달되어야 하므로 교사들은 어쩔 수 없이 포스터나 카드뉴스 형태로 만들어 조금이라도 더 쉽게 이해시키려 애쓰고 있다.

중학생 아이들을 가르치는 강하은 교사는 "아이들이 줄글을 읽으려고 하지 않는다. 읽더라도 자신이 원하는 정보만 읽고 나머지는 그냥 잊어버린다. 읽었는데 이해를 하지 못하는 건지, 아예 읽지 않는 건지 모르겠다. 분명히 읽었다고 하는데 정작 필요한 내용은 하나도 전달되지 않는 경우도 꽤 많다. 그래서 공지사항이 있으면 핵심 내용만 간추려서 전달하고, 단톡방에 메시지를 남길 때도 세 줄 이상 넘어가지 않도록 짧게 끊어서 쓴다. 줄글을 끝까지 참고 읽는 것도 문해력의 일부분이라고 생각하는데 그런 능력들이 너무 떨어지는 것 같다"라고 우려를 나타냈다.

김지수 교사 역시 "안내문을 단톡방에 공지할 때 길게 쓰면 아이들이 안 읽을 것 같아 이모티콘을 잔뜩 붙여서 쓰기도 하고 꼭 봐야 할 내용은 강조 표시를 해주기도 한다. 또 5컷 정도의 카드뉴스를 많이 활용한다"라고 전했다.

글 읽는 걸 어려워하는 것도 문제이지만 더 큰 문제는 글 자체를 아예 읽으려고 하지 않는 태도이다. 긴 글을 읽지 않으려는 아이들로 인해 '스압 주의'라는 신조어까지 생겨났다. '스크롤 압박 주의'의 줄임말인데 너무 길어서 스크롤을 많이 내려야 하니까 주의하라는 의미를 담고 있다. 긴 글 읽는 것을 얼마나 싫어하면, 이런 경고 문구까지 붙이는 것인지 걱정스러운 상황이 아닐 수 없다.

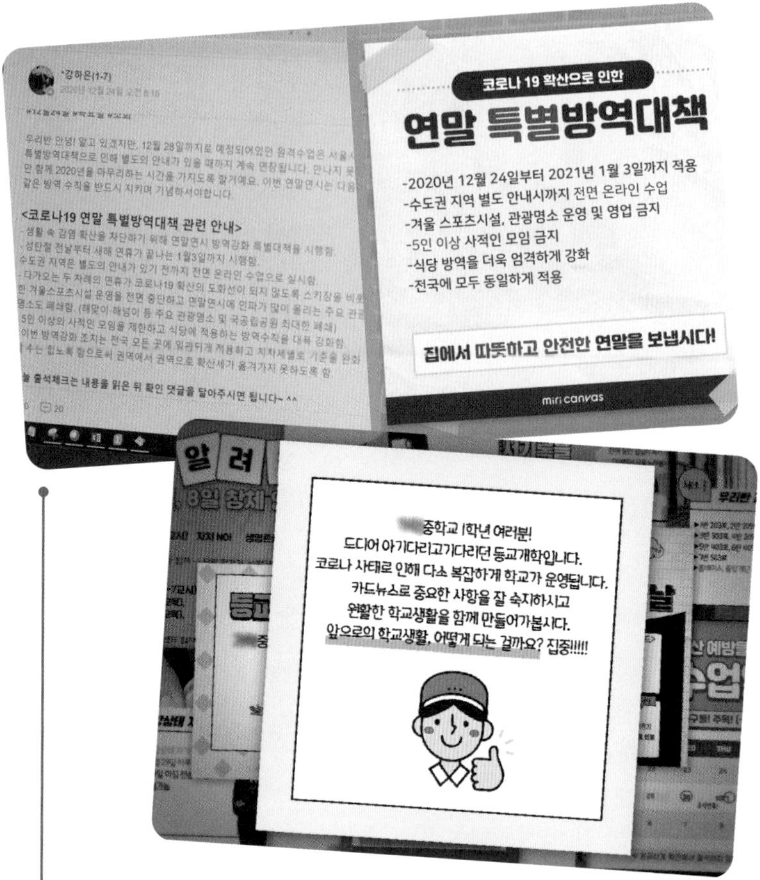

줄글 읽는 것을 힘들어하는 아이들

선생님은 '코로나19 연말 특별방역대책 관련 안내' 공지문을 온라인 수업 전에 SNS에 공지하고 아이들에게 내용을 잘 파악했는지 물었다. 하지만 긴 글을 읽지 못하는 아이들은 공지문과 다른 엉뚱한 대답을 했다. 선생님은 할 수 없이 주요 내용을 카드뉴스 형식으로 다시 정리해 공지해야 했다. 온라인 수업으로 공지할 것이 많아진 요즘 선생님들은 각종 공지사항을 카드뉴스나 포스터 형식으로 만드는 데 많은 시간을 쓰고 있다.

아이들이 긴 글이나 책을 읽지 않으려 하자 교사들은 북트레일러를 보고 독후감을 써오라는 숙제를 내주고 있다. 북트레일러란 책(book)과 예고편(trailer)의 합성어로, 책을 소개하는 짧은 영상을 말한다. 책이 아닌 책의 내용을 간략하게 소개하는 동영상을 보고 독후감을 쓰라는 것이 말이 안 되는 것 같지만, 교사 입장에서는 아이들이 워낙 책을 읽지 않기 때문에 궁여지책으로 북트레일러라도 보고 쓸 것을 권하는 것이다. 그만큼 요즘 아이들에게 책을 읽게 하는 것이 어렵다는 방증으로 볼 수 있겠다.

책 읽기를 힘들어하고 거부하는 아이들

초등학교 1학년인 지민이는 또래의 여느 아이들처럼 디지털 기기에 푹 빠져 지낸다. 게임을 할 때는 적극적이고 열정적인 모습을 보이지만 엄마가 책을 읽자고 하는 순간부터 예민해지면서 온몸으로 책 읽기를 거부한다. 엄마가 억지로라도 읽게 하면 한 페이지에 네 줄 정도 되는 책도 몹시 읽기 힘들어하면서 화를 내고 짜증을 부리는 모습을 보였다.

책을 거부하는 지민이는 온라인 수업 때 곧바로 문제점을 드러냈다. 수업에 집중하지 못한 채 듣는 둥 마는 둥 하는 지민이를 위해 엄마가 수업이 끝난 뒤 보충 설명을 해줬는데 부족한 어휘력 때문에 원활하게 진행이 되지 않은 것이다. 엄마가 '높다'의 반대말을 물어보자 지민이는 "작다"라고 대답했고, '넓다'의 반대말을 물어보자 "얇다", "높다"라고 대답했다. '좋아하다'의 반대말은 "안 좋아하다"라고 말했다.

지민이의 문해력이 정확히 어떤 수준인지 확인하기 위해 전문가와 함께 간단한 테스트를 진행했다. "셔츠와 신발은 어떤 점이 비슷한가요?"와 같은 쉽게 대답할 수 있는 질문들을 건넸는데도 지민이는 연신 "잘 모르겠어요"라고 말했다. 테스트 결과 지민이는 다른 영역에 비해 언어 이해 영역에서 또래보다 많이 뒤처지는 수준으로 나타났다.

언어 능력은 모든 과목의 내용을 이해하는 기초가 된다. 지민이 엄마는 책을 읽지 않아 기초 문해력을 다질 기회가 없었던 지민이의 상태를 걱정했다. 그러면서 "언어가 가장 기본적인 것인데 기본이 부족하니까 모든 것이 다 뒤처질 수밖에 없다. 장기적으로 봤을 때 격차가 점점 더 커져 학교생활과 사회생활이 너무 힘들어질 것 같다"라고 말하며 한숨을 내쉬었다.

이에 대해 조병영 교수는 "문해력은 오랜 시간 반복적인 훈련을 통해 길러지는데, 지민이는 어린 나이에 쉽고 자극적인 매체를 훨씬 더 많이 접하다 보니 글자만 봐도 거부감이 들 정도로 책 읽기가 재미없어진 것이다"라고 분석했다. 그러면서 "많은 부모들이 하는 실수가 디지털 기기 사용을 멈추게 하는 수단으로 책을 선택한다. 게임 그만하고 책을 읽으라고 하면 아이 입장에서는 내가 좋아하는 것을 하지 못하는 이유가 책 때문이라는 생각이 들어 책을 더 거부할 수 있다. 이런 부분에 주의할 필요가 있다"라고 덧붙였다.

디지털 기기도 재미있게 즐기고 책도 재미있게 잘 읽으면 아무 상관이 없다. 하지만 문제는 디지털 기기에 빠진 아이들은 책을 멀리할 가능성이 커진다는 데 있다. 자극적인 것에 익숙해진 아이들은 사람의 감정을 읽거나 책을 읽는 것과 같은 느린 자극에는 반응하지 않는다. 이것이 바로 디지털 기기에 빠진 아이들이 책으로부터 멀어지는 이유이다.

디지털 키즈가 책을 읽지 않는 이유

어릴 때부터 디지털 기기를 자주 접해서 사용에 능숙한 10대를 '디지털 키즈(digital kids)'라고 부른다. 디지털 키즈는 책으로부터 점점 더 멀어지고 있다. 거의 모든 정보를 온라인에 담고 있는 디지털 문명이 디지털 키즈들을 더 쉽고 더 자극적인 매체로 끌어들이고 있기 때문이다. 그래서 유튜브를 보거나 게임을 할 시간은 있어도, 책 읽을 시간은 없고 책을 읽을 이유도 찾지 못하는 것이다.

글을 읽지 못하는 것을 '문맹'이라고 한다면, 글을 읽을 줄은 알지만 책은 읽지 않는 것을 '책맹'이라고 한다. 글을 읽을 줄 안다고 해서 독서 능력을 갖췄다고 할 수 없는 것처럼 책맹의 뜻도 책을 읽지 '않는' 것이 아니라 글을 읽을 수 있으나 책을 읽지 '못하는' 것이라고 정의 내리는 쪽이 더 맞을 듯하다.

EBS 〈당신의 문해력〉 제작팀은 경북대학교 김혜정 교수 연구팀과 공동으로 2020년 9월에서 11월까지 3개월간 '책맹 실태 분석'을 진행했다. 중학교 3학년생 921명을 대상으로 한 분석 결과를 살펴보면, 절반에 가까운 48.64퍼센트의 아이들이 책을 '거의 읽지 않는다'라고 답했다. '가끔 읽는다'라고 답한 비율은 29.75퍼센트였고, '자주 읽는다'라고 답한 비율은 5.21퍼센트에 불과했다. 시간이 있어도 책을 읽지 않는 이유로는 34.79퍼센트의 비율로 '인터넷이나 스마트폰이 훨씬 재미있기 때문'이라는 답이 가장 많았다. 그다음 26.23퍼센트의 아이들은 '모든 정보가 인터넷에 있기 때문'이라고 답했다.

연구팀은 책을 읽지 않는 이유를 좀 더 면밀히 살펴보기 위해 책을 읽지 않게 된 계기에 대해서도 질문을 던졌다. 설문조사에 참여한 중학교 3학년 아이들 가운데 절반에 가까운 41.95퍼센트가 '스마트폰 취득 때부터'라고 응답했다. 스마트폰이 책맹의 가장 큰 원인으로 작용한다는 점을 알 수 있는 대목이었다.

중학교 3학년 책맹 실태 분석

중학교 3학년 921명을 대상으로 한 설문조사에서 절반에 가까운 아이들이 책을 '거의 읽지 않는다'라고 답했다. 책을 읽지 않는 이유에 대해서는 '인터넷이나 스마트폰이 훨씬 재미있기 때문', '모든 정보가 인터넷에 있기 때문'이라는 응답이 가장 많았는데, 두 응답을 합친 비율은 60퍼센트가 넘었다.

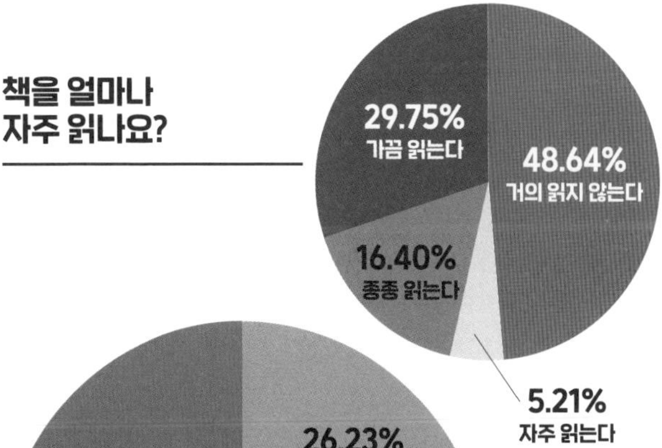

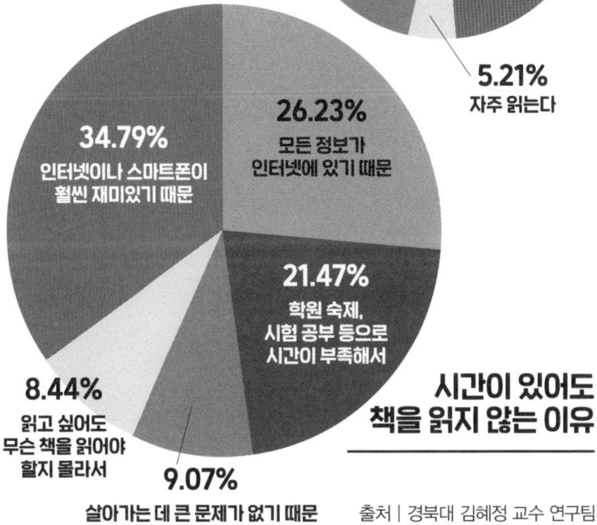

출처 | 경북대 김혜정 교수 연구팀

그다음으로는 26.94퍼센트의 아이들이 '공부량이 많아지면서'를 책과 멀어지게 된 이유로 꼽았다.

EBS 〈당신의 문해력〉 제작팀이 한 중학교를 찾아 아이들이 책에 얼마나 흥미를 보이는지 관찰한 내용에서도 아이들이 책과 점점 더 멀어지고 있는 걸 실감할 수 있었다. 이 학교에서는 조금이라도 책을 더 읽히기 위해 아이들이 자주 지나다니는 곳마다 책장을 마련해놓았다. 오며 가며 책을 읽길 바랐지만 아이들은 하나같이 본체만체하고 지나쳤다. 학교의 의도와는 달리 아이들은 이 책장을 학교에 오면 책을 읽으라는 메시지를 주는 전시품 내지 중후한 분위기를 살리기 위한 장식품 정도로만 인식했다.

학교 도서관은 제법 붐비는 편이었다. 점심시간을 이용해 도서관을 찾아 열심히 책을 읽고 있는 아이들이 꽤 많았다. 그런데 가까이 다가가 자세히 보니 대부분의 아이들이 만화책을 읽고 있었다. 책을 읽는 아이들조차도 긴 글보다는 그림 위주의 만화책을 선호했다.

디지털 시대에도 책을 읽어야 하는 이유

영상 시대에도 텍스트가 여전히 중요한 이유

영상이 텍스트를 대체하는 시대가 왔다는 것은 부인할 수 없는 사실이다. 디지털 기기가 점령한 디지털 시대이니 굳이 책을 읽지 않아도 동영상을 통해 정보를 얻으면 된다고 생각하는 사람도 많을 것이다. 하지만 영상은 텍스트를 온전히 대체할 수 없다. 텍스트의 역할은 단순히 정보를 얻는 데서 그치지 않기 때문이다.

EBS 〈당신의 문해력〉 제작팀은 세 가지의 다른 매체를 통해 정보를 습득할 때 각각 뇌의 활성화 정도를 측정해보는 실험을

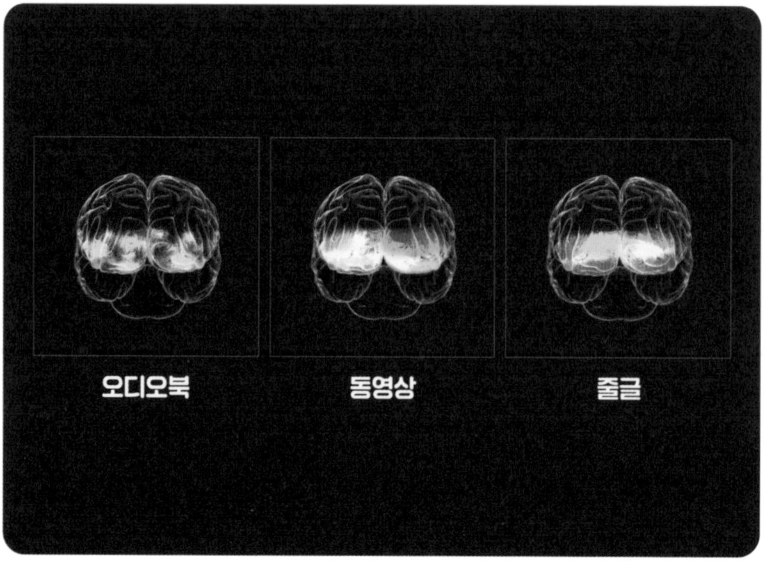

정보를 접하는 매체별 전전두엽 활성화 비교

오디오북을 듣거나 동영상을 볼 때는 크게 활성화되지 않는 전전두엽이 줄글을 읽을 때는 붉게 변하며 활성화된다. 이러한 결과가 말해주는 것은 오디오북을 듣거나 동영상을 볼 때에 비해 줄글을 읽을 때 고차원적 인지 활동이 더욱 활발하게 일어난다는 사실이다.

진행했다. 참가자들은 동일한 태블릿에 담긴 줄글, 오디오북, 동영상을 각각 읽고 듣고 보았다. 이 실험은 뇌 영역 가운데 고차원적인 사고, 즉 상위인지를 담당하는 전전두엽의 활성화 여부와 정도를 색의 변화로 관찰하기 위한 것이었다.

실험 결과 오디오북을 듣거나 동영상을 볼 때는 전전두엽이 크게 활성화되지 않은 반면에 줄글을 읽을 때는 전전두엽이 크게 활성화되며 붉은색으로 나타나는 것을 관찰할 수 있었다.

비슷한 내용을 보더라도 매체에 따라 전전두엽의 활성화 정도가 달라지는 이유는 줄글을 읽고, 오디오북을 듣고, 동영상을 보는 것이 각각 질적으로 다른 과정이기 때문이다. 즉 글을 읽는 것은 굉장히 고차원적이고 능동적인 정보 처리 과정이며, 이로 인해 뇌 운동이 훨씬 더 활발하게 일어나는 것이다.

가짜 인터넷 뉴스를 식별하지 못하는 아이들

OECD가 2021년 5월 발표한 〈21세기 독자:디지털 세상에서의 문해력 개발〉이라는 보고서에 따르면, 한국의 만 15세 학생들은 인터넷 정보에서 '사실과 의견을 식별하는 능력'이 가장 낮은 수준이었다. OECD 평균 식별률이 47.4퍼센트인 데 반해 한국 학생들의 평균 식별률은 25.6퍼센트에 그쳤다.

디지털 기기와 떼려야 뗄 수 없는 시대를 살아가는 우리 아이들은 인터넷에 넘쳐나는 가짜 뉴스를 접했을 때, 또는 피싱 메일을 받았을 때 그것이 사실인지를 검증하고 적절하게 대처할 수 있어야 한다. 그것이 바로 '디지털 문해력'이다. 디지털 문명 덕분에 우리는 넘치는 정보 속에서 살아가는 혜택을 누리고 있다. 하지만 그만큼 불확실하고 모호한 정보를 걸러낼 수 있는 디지털 문해력이 요구되고 있는 것도 사실이다.

우리나라 아이들이 '사실과 의견을 식별하는 능력'에서 최하위 수준을 기록했다는 것은 정보를 명확하게 판단해 적절하게 대처할 수 있는 디지털 문해력이 매우 낮은 상태임을 보여주는 결과이다. 그럼에도 불구하고 학교에서는 디지털 문해력과 관련된 적절한 교육이 이루어지지 않고 있다. 학생들이 학교에서 '인터넷 정보가 주관적인지 편향적인지 탐지하는 방법', '피싱 또는 스팸 메일을 탐지하는 방법' 등에 관한 교육을 받았는지에 대한 조사에서도 우리나라는 OECD 평균에 미치지 못한 것으로 나타났다.

우리나라 10대 아이들의 디지털 문해력 수준이 이처럼 낮은 이유는 뭘까. 디지털 기기나 디지털 미디어에 익숙하지 않아서가 아니다. 디지털 문해력 역시 '책 읽기' 능력과 깊은 관련이 있다. 어렸을 때부터 책 읽기를 통해 전전두엽을 활성화하면 비판적 사고력이 향상되기 마련인데, 책을 읽지 않은 아이들은 비판적 사고력을 키우지 못해 정보의 진위를 판별하는 능력도 낮은 것이다.

디지털 세상에서 디지털 기기를 현명하게 활용하면서 살아가려면 디지털 읽기를 잘해야 하는데, 디지털 읽기 능력은 바로 책 읽기 능력에서 나온다. 온갖 볼거리와 즐길 거리가 넘쳐나는 디지털 시대에 굳이 책을 읽을 필요가 있느냐고 반문하는 사람들이 꼭 알아둬야 할 점이다.

온라인 수업의 질도 읽기 능력이 좌우한다

디지털 문해력이 책 읽기 능력에서 비롯된다는 것을 알려주는 조사 결과가 있다. 2016년 국제읽기능력평가(PIRLS)에서 전 세계 초등학교 4학년 아이들을 대상으로 '프린트(인쇄물) 읽기' 능력과 '디지털 읽기' 능력을 종합한 문해력을 평가했다. 디지털 읽기능력평가(ePIRLS)는 정보 판독에 초점을 맞춰 컴퓨터를 기반으로 진행되었다. 국제학업성취도평가협회(IEA)는 보고서를 통해 "인터넷에서 정보 판독을 목적으로 글을 읽을 때는 인쇄물의 글을 읽을 때와 다른 독해 기술과 전략을 사용한다. 그럼에도 인쇄물 읽기 능력은 디지털 읽기 능력에 가장 큰 영향을 끼치는 변인이 된다"라고 결론을 내렸다. 즉 책 읽기에서 동원되는 천천히 읽기, 면밀하게 읽기, 전체적으로 읽기와 같은 독해 기술들이 인터넷 정보 탐색과 내용 이해에 커다란 기여를 한다는 것이다.

온라인으로 비대면 수업이 이루어지면서 부모들이 가장 많이 힘들어하는 부분은 아이가 수업 때 배운 내용을 이해하지 못해 일일이 다시 짚어주며 설명해줘야 한다는 점이다. 교사들이 가장 힘들어하는 부분 역시 아이들이 분명 수업을 할 때는 다 이해한 것 같았는데 등교 수업 때 확인해보면 그렇지 않다는 점이다. 교사들 입장에서는 수업의 방향을 어떻게 잡아야 할지 혼란스러울 수밖에 없는 것이다.

디지털 기기를 잘 다루는 아이가 디지털 시대를 앞서가는 것이 아니다. 읽기 능력, 즉 문해력에서 앞서야 디지털 시대의 진짜 승리자가 될 수 있다. 디지털 기기가 문해력을 떨어뜨린다는 직접적인 연관 관계를 규명하기는 어렵지만, 디지털 기기에 과몰입해 책 읽기를 멀리할 경우 문해력 저하로 이어질 수 있다는 점은 충분히 짐작할 수 있다.

디지털 키즈의 책맹 탈출 프로젝트

재미없는 독서가 책으로부터 멀어지게 만든다

디지털 키즈의 책맹 탈출을 돕기 위해서는 먼저 '독서를 싫어하는 이유'부터 찾아볼 필요가 있다. 앞에서 이미 언급했듯이 인터넷이나 스마트폰에 빠져 있는 시간이 많아 상대적으로 독서를 할 시간과 의지가 부족해지고 있다. 하지만 그것이 전부는 아니다.

경북대학교 김혜정 교수 연구팀의 '책맹 실태 분석' 결과에서도 중학교 3학년 아이들 10명 중 3명이 '글을 읽고 나서 독후감이나 독서 수행평가 등을 해야 하는 것'을 독서의 가장 어려운 점으로 꼽았다. 연구진은 이러한 결과를 통해 "독서가 학업으로 느껴질 때 독서에 대한 어려움 또는 반감이 더해진다고 볼 수 있다. 따라서 독서 행위에 대한 부담을 줄이고, 독서 자체의 흥미와 즐거움을 느끼도록 할 필요가 있다"라는 분석을 내놓았다.

고려대학교 이순영 교수의 연구보고서 〈청소년 독자·비독자 연구〉에서도 비슷한 결과를 확인할 수 있다. 전국 17개 시·도의 만 10세 이상 가구원 1,200명을 대상으로 한 조사에서 독서에 부정적인 영향을 끼친 원인 1위는 스마트폰의 사용(31.2퍼센트)이었고, 2위는 바로 '독후감, 독후 기록 활동(15.8퍼센트)'이었다. 책을 읽고 독후감을 쓰는 것은 과거부터 이어온 일종의 전통과도 같은 과제였는데, 그것이 책을 부정적으로 인식하게 만든 주범 중 하나가 되고 만 것이다.

아이들에게 좋은 책을 알려주고 독서 동기 부여를 위해 권장도서로 선정하는 일이 오히려 아이들의 독서 습관에 좋지 않은 영향을 미치고 있다는 사실은 독서 교육 현장에서 오래전부터 제기되어온 문제이다. 물론 권장도서에는 좋은 책들이 많이 포함되어 있다. 아이들이 읽으면 좋을 양서들을 권장도서로 선정하는 것은 바람직한 일이다. 그런데 여기에는 함정이 있다. 권장도서들이 대부분 재미가 없고 너무 어렵다는 것이다.

어른들이 읽기에도 부담스러울 만큼 어려운 책이 청소년 권장도서로 선정되거나, 청소년들이 이해하기에도 벅찬 책이 초등학생 권장도서로 선정되는 경우가 부지기수이다. 이런 책들을 읽다 보면 아이 입장에서는 어렵고 재미도 없어 당연히 독서에 대한 부정적 인식만 남게 된다. 또한 잘 읽어내지 못한 경험만 기억되어 그러한 과정을 다시는 되풀이하고 싶지 않게 만든다.

그렇다면 과연 어떻게 해야 아이들에게 독서의 즐거움을 알려줄 수 있을까? 초등학교 이후로 책을 읽은 적이 없다는 중학교 3학년생 4명과 지도교사가 함께한 '책맹 탈출 프로젝트'를 통해 그 해답을 찾을 수 있었다.

긍정적 독서 경험을 심어주는 '내가 읽고 싶은 책 고르기'

10주 동안 진행된 '책맹 탈출 프로젝트'는 한 서점에서 시작되었다. 아이들에게 읽고 싶은 책을 직접 고르게 하기 위해서였다. 각자 읽고 싶은 책을 자유롭게 고르라고 했는데도 아이들은 선뜻 책을 선택하지 못했다. 서점에서 책을 고르는 것 자체가 아이들에게는 낯선 경험인 듯했다. 심지어 서점에 처음 온 아이도 있었다. 평소에 참고서를 살 때나 서점에 가봤던 아이는 참고서 코너만 맴돌았다.

오랫동안 고민하던 아이들은 관심 가는 책을 한 권씩 고르기 시작했다. 예전에 봤던 애니메이션을 만든 사람이 쓴 책이어서 선택한 아이도 있었고, 자신이 재미있게 했던 게임과 관련된 책이어서 고른 경우도 있었다. 어떤 아이는 엄마와 함께 왔다면 이렇게 읽고 싶은 책들을 마음껏 고르지 못했을 거라면서 해맑게 웃었다.

자신이 직접 읽고 싶은 책을 선택하는 건 독서에 대해 긍정적인 인식을 심어주는 가장 중요한 행위이다. 또 무엇보다 우선해서 이루어져야 할 일이다. 책 읽기의 즐거움을 느끼려면 내가 읽고 싶은 책, 그리고 내 수준에 맞는 책을 선택해야 한다. 그러나 현실에서는 이 기본적인 두 가지가 무시되기 일쑤이다. 책은 교훈을 얻거나 지식을 높이거나 권장도서여야 의미가 있다는 잘못된 인식이 뿌리 깊게 박혀 있기 때문이다. 책을 마음 편하게 고르지도 읽지도 못하는 아이들이 독서의 진정한 즐거움을 알 리가 없다.

'책맹 탈출 프로젝트'를 서점에서 시작하면서 아이들에게 직접 읽고 싶은 책을 고르라고 한 것도 바로 이 때문이다. 앞에서 여러 번 이야기했듯이 글자를 읽는다고 책을 읽을 수 있는 것은 아니다. 문맹이 아니어도 책맹이 될 수 있다. 흥미를 가지고 몰입해 읽지 않는다면 책 내용을 이해하고 분석하고 판단하는 과정을 거치지 못하고 그저 글자만 읽게 된다. 그것은 독서가 아니라 그냥 글자 읽기 활동이다.

책을 펼쳐 들고 글자만 읽는 상황을 만들지 않으려면 자신의 어휘력이나 독해력 수준에 맞는 책을 고르는 게 중요하다. 미국에서는 독서능력지수인 렉사일지수(lexile measure)를 통해 아이들이 자기 수준에 맞는 책을 고를 수 있도록 돕고 있다. 렉사일지수는 책의 난이도와 아이의 읽기 능력을 각각 보여주는 지표로, 미국을 비롯한 영어권 국가들에서 많이 활용되고 있다. 렉사일지수가 높을수록 텍스트 난이도가 높다는 의미인데, 아이들이 읽는 책에도 렉사일지수가 표기되어 있다. 학교에서도 자신의 렉사일지수가 몇 점인지 평가받을 수 있으며, 이에 따라 자신에게 알맞은 수준의 책을 고를 수 있다.

렉사일지수를 책에 표기하는 이유는 아이들이 자신의 읽기 능력 수준보다 어려운 책을 읽다가 실패하는 일이 없도록 하기 위해서이다. 무조건 학년별로 권장도서를 지정해주는 우리나라 정책과는 큰 차이가 있다.

서점에서 직접 읽고 싶은 책을 골라 '책맹 탈출 프로젝트'를 시작한 아이들은 과연 적극적으로 책을 읽기 시작했을까? 수업에 앞서 각자 정해진 만큼 책을 읽어야 했지만 독서보다는 게임이 더 좋은 아이들, 책을 읽어본 기억조차 가물가물한 아이들이 갑자기 책을 잘 읽을 리는 없었다. 아이들은 몇 장, 심지어 몇 줄 정도 읽고 나서 책을 덮어버리거나 졸음과 사투를 벌였다. 그러다가 결국 스마트폰으로 관심을 돌렸다.

드디어 첫 번째 수업이 진행되었고, 아이들은 직접 고른 책을 가지고 교사와 이야기를 나누기 시작했다. 이날 수업은 게임과 관련된 책으로 진행했는데, 교사는 나름대로 열심히 읽고 왔는데도 낯선 용어와 이해할 수 없는 내용들 때문에 혼란스러워했다. 아이들은 책 내용을 이해하지 못해 당황하는 교사의 모습을 낯설어했다. 이 프로젝트에 참여한 김연이 교사는 그동안 아이들이 읽기 싫은 책을 읽을 때 어떤 심정이었을지 충분히 짐작이 된다며 깊은 공감을 나타냈다.

사고력을 키워주는 '교사와 학생 역할 바꾸기'

책을 읽고 함께 이야기를 나누는 시간인데도 아이들이 적극적으로 참여하는 모습을 보이지 않자 5회 차 수업부터는 특별한 장치를 하나 추가했다. 책 내용과 관련된 문제를 아이들이 직접 출제하면 교사가 매일 그 문제를 푸는 방식으로 수업을 진행한 것이다. 교사가 써낸 답도 아이들이 직접 채점하기로 했다. 이름하여 '교사가 시험 보는 교실'이라는 역할 바꾸기 프로젝트였다.

교사의 표정이 심각해질수록 아이들은 더욱 흥미를 느끼며 몰입하는 모습을 보였다. 토씨 하나라도 틀리면 가차 없이 빵점을 줄 것이라며 귀여운 협박을 하는 아이도 있었다. 교사가 써낸 답을 매의 눈으로 살피던 아이들은 "빵점!"을 외쳤다. 아이들은 교사가 빵점을 맞은 것에 대해 즐거워하면서도 한편으로는 신기하게 생각했다.

역할을 바꾸어 교사가 시험을 보는 형식으로 수업을 진행하니 아이들이 흥미를 보이며 보다 적극적으로 참여했다. 5회 차 수업 때는 단답형의 비교적 수준이 낮은 문제를 출제했지만, 7회 차 수업에 이르러서는 한 번 더 깊이 있게 생각해봐야 대답할 수 있는 문제를 냈다. 그만큼 아이들의 사고력 깊이가 깊어졌다는 의미였다.

처음에는 교사가 문제를 맞히지 못하는 모습에 재미를 느끼며 질문을 했지만, 시간이 흐르면서 자연스럽게 아이들끼리 궁금한 점을 서로 묻고 답하면서 꽤 진지한 토론을 하기도 했다. 첫 수업 때 침묵만 지키던 한 아이는 7회 차 수업이 시작되자 누가 시키지 않았는데도 대화를 이끌어가는 모습을 보였다. 교사가 미처 짚어내지 못했던 부분까지 언급해서 토론의 질을 높이기도 했다.

학교나 학원에서 매일같이 주어지는 질문에 수동적으로 대답을 해야 하는 아이들에게 질문을 던지는 입장이 되어보게 하는 건 매우 의미 있는 일이다. 질문은 책을 읽고 이해한 다음 스스로 고민하는 과정을 거쳐야 할 수 있기 때문이다. 그만큼 아이들의 사고력은 확장되고 문해력도 향상된다.

결국 역할 바꾸기 프로젝트를 통해 아이들은 책에 대한 이해도가 높을수록 더 높은 수준의 질문을 할 수 있다는 걸 깨닫게 되었고, 더 잘 읽고자 하는 의지를 다질 수 있었다.

독서에 대한 흥미를 높이는 '친구들과 함께 읽기'

독서는 혼자 하는 것이라고 생각하기 쉽지만 함께하면 즐거움이 더 커진다. 특히 청소년 시기에는 친구들과의 교류에 커다란 의미와 비중을 두기 때문에 함께하면 읽기 수업에 도움이 될 뿐만 아니라 교우관계도 더 좋아질 수 있다. 마치 게임을 할 때 팀플레이를 하면 더 재미있고 관계도 끈끈해지는 것과 마찬가지이다.

한 학기 동안 4명의 아이들은 읽기 프로젝트를 함께하며 좋아하던 게임도, 매일 손에서 놓지 못하던 스마트폰도 잠시 내려놓고 스스로와의 약속을 지키기 위해 노력했다. 모두 다섯 권의 책을 읽어낸 아이들은 '읽기 유창성'과 '읽기 태도' 면에서 눈에 띄는 성장을 보였고, 무엇보다 '책 읽기'에 대한 관심이 많아졌다.

아이들 스스로도 책을 읽으면서 자연스럽게 스마트폰 사용 시간이 줄어들었다는 점에 커다란 만족감을 드러냈다. '친구들과 함께 읽기' 프로젝트가 끝난 뒤 소감을 나누는 자리에서 한 아이가 "나중에 이런 프로그램을 할 기회가 한 번 더 주어진다면 너희들은 할 거야?"라고 묻자, 나머지 아이들 모두 "하고 싶어"라고 대답했다.

매시간 아이들이 낸 문제를 풀면서 아이들에게 독서에 대한 흥미와 자신감을 북돋운 김연이 교사는 "굳이 책을 찾아 읽지 않아도 주변에서 얼마든지 쉽게 정보를 얻을 수 있는 세상이 되었지만, 종이책을 읽는 힘이 훨씬 더 셀 때가 있다. 내가 아이들에게 주고 싶은 기억은 바로 그러한 기억이다"라는 소감으로 프로젝트를 마쳤다.

습관처럼 스마트폰을 만지작거리고 컴퓨터 앞에 앉아 있던 탓에 책과 점점 더 거리가 멀어졌던 아이들은 친구들과 함께 책을 읽으며 독서의 즐거움을 깨달아갔다. 혼자였다면 책 읽기에 대한 약속을 그렇게 잘 지키기 어려웠을 것이고, 어쩌면 중도에 포기했을지도 모른다. 아이들은 '함께 읽기'를 통해 책 읽기를 지속할 수 있었고, 그 결과 예전에는 몰랐던 책 읽기의 즐거움까지 발견할 수 있었다.

| 부록 |

중학교 3학년 학습도구어 목록

• 학습도구어는 '사고도구어, 학술어, 학술도구어, 학술기본용어' 등으로도 번역된다.
• 학습도구어에 대한 상세한 정보는 '신명선(2004), 국어 사고도구어 교육 연구, 서울대 박사논문'을 참조하면 된다.
• 학습도구어의 목록 선정 및 어휘 등급은 신명선(인하대학교 교수) 및 (주)낱말에서 제공하였다.
• 학습도구어는 단어족(word family), 동음이의어, 다의어 등을 고려하여 학습해야 한다.

순서	단어	난이도	순서	단어	난이도
1	가결	5	26	각인하다	5
2	가결되다	5	27	각주	4
3	가결하다	5	28	간격	3
4	가능	2	29	간과	5
5	가능성	3	30	간과되다	5
6	가능하다	3	31	간과하다	4
7	가변	5	32	간략	3
8	가변성	5	33	간략하다	3
9	가변적	5	34	간략히	4
10	가상	4	35	간섭	3
11	가상적	5	36	간섭하다	3
12	가설	4	37	간접	3
13	가정	3	38	간접적	2
14	가정되다	4	39	간주되다	5
15	가정하다	5	40	간주하다	4
16	가중	5	41	간파	5
17	가중되다	5	42	간파되다	5
18	가중하다	5	43	간파하다	4
19	각성	4	44	간행	4
20	각성되다	5	45	간행되다	4
21	각성하다	4	46	간행하다	3
22	각오	3	47	간헐	5
23	각오하다	3	48	간헐적	5
24	각인	5	49	갈등	2
25	각인되다	4	50	감각	2

순서	단어	난이도	순서	단어	난이도
51	감각적	3	81	강압되다	4
52	감당	4	82	강압적	4
53	감당하다	3	83	강압하다	5
54	감독	4	84	강요	4
55	감독하다	4	85	강요되다	4
56	감성	4	86	강요받다	3
57	감성적	4	87	강요하다	3
58	감소	3	88	강의	2
59	감소되다	4	89	강의하다	3
60	감소하다	4	90	강제	4
61	감수성	4	91	강제되다	4
62	감시	3	92	강제력	5
63	감시되다	4	93	강제성	4
64	감시하다	3	94	강제적	3
65	감안	5	95	강제하다	5
66	감안되다	5	96	강조	3
67	감안하다	4	97	강조되다	3
68	감지	5	98	강조하다	2
69	감지되다	5	99	강화	4
70	감지하다	4	100	강화되다	3
71	감축	5	101	강화하다	3
72	감축되다	6	102	개관	5
73	감축하다	5	103	개관되다	5
74	강구	5	104	개관적	5
75	강구되다	5	105	개관하다	4
76	강구하다	5	106	개괄	5
77	강박	5	107	개괄되다	6
78	강박적	5	108	개괄적	5
79	강박하다	7	109	개괄하다	5
80	강압	4	110	개념	3

순서	단어	난이도	순서	단어	난이도
111	개념적	3	141	개정	5
112	개략	5	142	개정되다	6
113	개략적	5	143	개정하다	6
114	개략하다	6	144	개진	6
115	개론	5	145	개진하다01	6
116	개론하다	5	146	개진하다02	5
117	개발	3	147	개척	2
118	개발되다	3	148	개척되다	3
119	개발하다	2	149	개척자	4
120	개방	3	150	개척지	6
121	개방되다	4	151	개척하다	2
122	개방성	5	152	개체	5
123	개방적	3	153	개체적	5
124	개방하다	4	154	개통	3
125	개별	4	155	개통되다	3
126	개별성	4	156	개통하다	4
127	개별적	3	157	개편	4
128	개선	3	158	개편되다	5
129	개선되다	3	159	개편하다	4
130	개선하다	3	160	개혁	4
131	개설	4	161	개혁되다	4
132	개설되다	5	162	개혁적	4
133	개설하다	5	163	개혁하다	3
134	개성	2	164	개화	5
135	개성적	3	165	개화되다	5
136	개연성	5	166	개화하다	5
137	개요	2	167	객관	3
138	개입	4	168	객관성	4
139	개입되다	4	169	객관식	4
140	개입하다	4	170	객관적	3

순서	단어	난이도	순서	단어	난이도
171	객관화	5	201	검증	4
172	객관화되다	5	202	검증되다	5
173	객관화하다	5	203	검증하다	4
174	객체	5	204	검토	3
175	갱신	5	205	검토되다	4
176	갱신되다	6	206	검토하다	3
177	갱신하다	5	207	격리	4
178	거론	4	208	격리되다	5
179	거론되다	5	209	격리하다	5
180	거론하다	4	210	견제	5
181	거부	4	211	견제되다	5
182	거부하다	3	212	견제하다	4
183	거시	5	213	견지	6
184	건설	2	214	견지하다	5
185	건설되다	3	215	견해	3
186	건설적	3	216	결과	1
187	건설하다	2	217	결과적	2
188	건의	4	218	결론	2
189	건의되다	3	219	결론적	4
190	건의하다	4	220	결말	3
191	검사	2	221	결말나다	4
192	검사되다	4	222	결말내다	4
193	검사하다	3	223	결말짓다	4
194	검색	4	224	결부	5
195	검색하다	5	225	결부되다	4
196	검열	4	226	결부하다	5
197	검열되다	4	227	결성	4
198	검열하다	3	228	결성되다	4
199	검정	2	229	결성하다	4
200	검정하다	3	230	결속	4

순서	단어	난이도	순서	단어	난이도
231	결속되다	5	261	경과	4
232	결속력	4	262	경로	4
233	결속하다	4	263	경제	2
234	결여	4	264	경제적	2
235	결여되다	4	265	경향	3
236	결여하다	5	266	경험	2
237	결의	4	267	경험적	3
238	결의되다	5	268	계기	3
239	결의하다	5	269	계량	3
240	결정	2	270	계량적	4
241	결정되다	3	271	계량하다	3
242	결정적	3	272	계량화	6
243	결정짓다	3	273	계량화되다	5
244	결정하다	3	274	계량화하다	6
245	결집	5	275	계발	3
246	결집되다	5	276	계발되다	4
247	결집하다	5	277	계발하다	3
248	결핍	4	278	계속	2
249	결핍되다	4	279	계속되다	2
250	결핍하다	5	280	계속성	5
251	결합	4	281	계속하다	3
252	결합되다	4	282	계통	3
253	결합성	7	283	계통적	4
254	결합적	4	284	계획	2
255	결합하다	3	285	계획되다	3
256	경감되다	5	286	계획성	3
257	경감하다	4	287	계획적	3
258	경계	3	288	계획하다	3
259	경계점	6	289	계획화	5
260	경계하다	3	290	고려	3

순서	단어	난이도	순서	단어	난이도
291	고려되다	4	321	공식화되다	5
292	고려하다	3	322	공식화하다	5
293	고수	5	323	공유	5
294	고수되다	7	324	공유하다	5
295	고수하다	4	325	공유화	6
296	고유	2	326	공유화되다	6
297	고유성	5	327	공유화하다	6
298	고유하다	2	328	공존	4
299	고정	3	329	공존하다	4
300	고정되다	4	330	공통	2
301	고정적	4	331	공통되다	3
302	고정화	4	332	공통성	5
303	고정화되다	6	333	공통적	3
304	고정화하다	5	334	공통점	2
305	고찰	5	335	과정	3
306	고찰되다	5	336	과제	3
307	고찰하다	5	337	과학	2
308	공개	3	338	과학성	5
309	공개되다	4	339	과학적	2
310	공개적	3	340	관계	1
311	공개하다	3	341	관계되다	2
312	공급	2	342	관계식	4
313	공급되다	3	343	관계하다	2
314	공급하다	3	344	관념	4
315	공동	3	345	관념적	5
316	공동성	7	346	관련	2
317	공동체	4	347	관련되다	2
318	공식	4	348	관련성	4
319	공식적	3	349	관련짓다	3
320	공식화	5	350	관련하다	3

순서	단어	난이도
351	관리	4
352	관리되다	4
353	관리하다	3
354	관심사	3
355	관여	5
356	관여하다	4
357	관점	2
358	관찰	2
359	관찰되다	3
360	관찰하다	2
361	관측	3
362	관측되다	4
363	관측하다	3
364	관통	4
365	관통되다	4
366	관통하다	3
367	광범위	4
368	광범위하다	3
369	교육적	3
370	교환	2
371	교환되다	3
372	교환하다	3
373	구별	2
374	구별되다	3
375	구별하다	2
376	구분	3
377	구분되다	3
378	구분하다	3
379	구상	4
380	구상성	6

순서	단어	난이도
381	구상적	6
382	구상하다	3
383	구상화되다	6
384	구상화하다	5
385	구성	3
386	구성되다	3
387	구성원	2
388	구성체	5
389	구성하다	3
390	구역	3
391	구조	4
392	구조물	3
393	구조성	7
394	구조적	5
395	구조화	5
396	구조화되다	6
397	구조화하다	5
398	구체	4
399	구체성	5
400	구체적	3
401	구체화	5
402	구체화되다	4
403	구체화하다	5
404	구축	5
405	구축되다	5
406	구축하다	4
407	구현	5
408	구현되다	5
409	구현하다	5
410	국면	5

순서	단어	난이도	순서	단어	난이도
411	궁극	4	441	극대화	4
412	궁극적	3	442	극대화하다	5
413	귀결	4	443	극복	3
414	귀결되다	5	444	극복되다	3
415	귀결하다	5	445	극복하다	2
416	규명	5	446	근거	2
417	규명되다	5	447	근거하다	3
418	규명하다	4	448	근본	3
419	규범	3	449	근본적	3
420	규범적	4	450	근원	3
421	규범화	6	451	근원적	5
422	규정	4	452	근접	5
423	규정되다	4	453	근접되다	5
424	규정성	6	454	근접하다	4
425	규정짓다	5	455	급격	3
426	규정하다	3	456	급격하다	3
427	규제	4	457	급속	4
428	규제되다	5	458	급속하다	3
429	규제하다	4	459	급진	4
430	규칙	2	460	급진적	3
431	규칙성	5	461	긍정	4
432	규칙적	2	462	긍정되다	4
433	규칙화	7	463	긍정성	6
434	규칙화되다	7	464	긍정적	3
435	규칙화하다	7	465	긍정하다	4
436	균형	3	466	기각되다	5
437	균형적	4	467	기각하다	5
438	극단	4	468	기구	3
439	극단적	3	469	기능	4
440	극대	4	470	기능성	5

순서	단어	난이도	순서	단어	난이도
471	기능적	5	501	기준점	3
472	기대	2	502	기초	2
473	기대되다	2	503	기초적	4
474	기대하다	2	504	기초하다	3
475	기록	2	505	기타	3
476	기록적	3	506	기호	3
477	기록화	4	507	긴밀	4
478	기반	3	508	긴밀하다	4
479	기법	3	509	나열	4
480	기본	2	510	나열되다	4
481	기본적	3	511	나열하다	3
482	기술01	4	512	난점	5
483	기술02	5	513	내면	4
484	기술되다	4	514	내면적	3
485	기술하다	4	515	내면화	4
486	기억	1	516	내면화되다	4
487	기억되다	2	517	내면화하다	4
488	기억하다	2	518	내부	2
489	기여	4	519	내부적	3
490	기여하다	3	520	내외	2
491	기원01	4	521	내용	1
492	기원02	4	522	내용물	2
493	기원하다	3	523	내재	5
494	기인	5	524	내재되다	6
495	기인되다	5	525	내재성	6
496	기인하다	4	526	내재적	5
497	기저	5	527	내재하다	6
498	기제	5	528	내적	4
499	기존	3	529	내포	4
500	기준	2	530	내포되다	4

순서	단어	난이도	순서	단어	난이도
531	내포하다	4	561	다소	3
532	노출	3	562	다양	3
533	노출되다	3	563	다양성	3
534	노출하다	3	564	다양하다	2
535	논거	4	565	다양화	5
536	논란	5	566	다양화되다	5
537	논리	4	567	다양화하다	5
538	논리성	5	568	단계	3
539	논문	3	569	단계성	7
540	논술	4	570	단계적	3
541	논술되다	5	571	단기간	4
542	논술하다	4	572	단면	3
543	논의	4	573	단면도	3
544	논의되다	4	574	단서	4
545	논의하다	3	575	단순	2
546	논쟁	3	576	단순성	5
547	논쟁적	4	577	단순하다	2
548	논점	5	578	단순화	4
549	논증	4	579	단순화되다	5
550	논증되다	5	580	단순화하다	5
551	논증적	6	581	단언	4
552	논증하다	4	582	단언하다	4
553	논지	4	583	단위	3
554	논하다	4	584	단일	3
555	누적	4	585	단일화	4
556	누적되다	4	586	단일화되다	5
557	누적하다	6	587	단일화하다	5
558	능동	4	588	단적	4
559	능동성	4	589	단절	4
560	능동적	3	590	단절되다	5

순서	단어	난이도	순서	단어	난이도
591	단절하다	4	621	대상물	5
592	단점	3	622	대상자	4
593	단정되다	5	623	대상화되다	6
594	단정적	4	624	대상화하다	5
595	달성	4	625	대신	3
596	달성되다	3	626	대신하다	2
597	달성하다	3	627	대안	5
598	담당	4	628	대응	3
599	담당하다	3	629	대응되다	5
600	대규모	3	630	대응하다	3
601	대두	5	631	대조	3
602	대두되다	4	632	대조되다	2
603	대두하다	5	633	대조적	3
604	대등	4	634	대조하다	3
605	대등하다	4	635	대책	2
606	대략	3	636	대처	4
607	대략적	4	637	대처하다	3
608	대립	3	638	대체	4
609	대립되다	3	639	대체되다	5
610	대립성	6	640	대체적	3
611	대립적	4	641	대체하다	4
612	대변	5	642	대치	5
613	대변하다	4	643	대치되다	5
614	대별	5	644	대치하다	4
615	대별되다	5	645	대폭	4
616	대별하다	5	646	대폭적	5
617	대비	3	647	대표	2
618	대비되다	4	648	대표성	5
619	대비하다	3	649	대표적	2
620	대상	4	650	대표하다	3

순서	단어	난이도	순서	단어	난이도
651	도구	2	681	동등하다	4
652	도달	4	682	동시적	2
653	도달되다	3	683	동원	4
654	도달하다	3	684	동원되다	3
655	도모	3	685	동원하다	3
656	도모하다	4	686	동의	4
657	도식	5	687	동의하다	3
658	도식화	5	688	동일	4
659	도식화되다	6	689	동일성	5
660	도식화하다	5	690	동일시	4
661	도입	3	691	동일시되다	5
662	도입되다	4	692	동일시하다	5
663	도입하다	4	693	동일하다	3
664	도출	5	694	동일화	5
665	도출되다	5	695	동적	5
666	도출하다	5	696	동질	5
667	도표	3	697	동질성	4
668	독립	4	698	동질적	5
669	독립성	4	699	동질화	4
670	독립적	3	700	동질화되다	5
671	독자	4	701	동질화하다	5
672	독자성	5	702	동화	5
673	독자적	3	703	동화되다	4
674	독창	4	704	동화하다	5
675	독창성	4	705	등장	2
676	독창적	3	706	등장하다	3
677	독특	3	707	매개	4
678	독특성	5	708	매개체	5
679	독특하다	2	709	매개하다	5
680	동등	4	710	맥락	4

순서	단어	난이도	순서	단어	난이도
711	명료	4	741	목적성	5
712	명료성	5	742	목차	4
713	명료하다	4	743	목표	2
714	명명	4	744	무관	4
715	명명되다	5	745	무관하다	4
716	명명하다	4	746	무분별	5
717	명백	2	747	무분별하다	4
718	명백성	4	748	무비판	5
719	명백하다	2	749	무비판적	5
720	명시	5	750	무시	3
721	명시되다	5	751	무시되다	3
722	명시성	7	752	무시하다	2
723	명시적	5	753	무의미	4
724	명시하다	4	754	무의미하다	4
725	명확	4	755	무의식	4
726	명확성	4	756	무의식적	4
727	명확하다	4	757	무작위	5
728	모범	3	758	무조건적	3
729	모범적	3	759	무질서	3
730	모순	3	760	무질서하다	3
731	모순되다	4	761	무한	4
732	모순성	5	762	무한성	5
733	모순적	4	763	무한정	4
734	모형	3	764	무한하다	3
735	모형화	7	765	무형	3
736	모호	4	766	문제점	2
737	모호성	5	767	문제화	4
738	모호하다	4	768	문제화하다	4
739	목록	2	769	문헌	4
740	목적	2	770	물질	2

순서	단어	난이도	순서	단어	난이도
771	물질적	3	801	발견하다	1
772	미세	4	802	발달	2
773	미세하다	4	803	발달되다	3
774	미시	5	804	발달하다	2
775	미시적	5	805	발생	3
776	미흡	5	806	발생되다	3
777	미흡하다	4	807	발생적	3
778	밀접	4	808	발생하다	2
779	밀접하다	3	809	발전	3
780	반대	2	810	발전되다	3
781	반대되다	3	811	발전상	3
782	반대하다	2	812	발전성	5
783	반론	5	813	발전적	4
784	반면	3	814	발표	2
785	반문	4	815	발표되다	3
786	반문하다	3	816	발표하다	2
787	반박	5	817	발휘	3
788	반박되다	5	818	발휘되다	3
789	반박하다	4	819	발휘하다	2
790	반복	3	820	방법	1
791	반복되다	2	821	방식	2
792	반복하다	2	822	방안	4
793	반영	4	823	방어	4
794	반영되다	3	824	방어적	3
795	반영하다	3	825	방어하다	3
796	반응	2	826	방지	3
797	반응성	5	827	방지되다	4
798	반응하다	3	828	방지하다	3
799	발견	2	829	방향	1
800	발견되다	2	830	배경	2

순서	단어	난이도	순서	단어	난이도
831	배열	4	861	변천	4
832	배열되다	4	862	변천되다	5
833	배열하다	4	863	변천하다	4
834	배제	5	864	변형	3
835	배제되다	5	865	변형되다	4
836	배제하다	4	866	변형하다	4
837	배치	5	867	변화	2
838	배치되다	3	868	변화되다	2
839	배치하다	3	869	변화하다	2
840	배타	5	870	변환	5
841	배타성	5	871	변환하다	5
842	배타적	4	872	별개	3
843	배타하다	5	873	별도	3
844	범위	3	874	병행	4
845	범주	4	875	병행되다	5
846	법칙	3	876	병행하다	5
847	변경	3	877	보고	2
848	변경되다	4	878	보고되다	3
849	변경하다	4	879	보고하다	3
850	변동	3	880	보관	3
851	변동되다	4	881	보관되다	3
852	변동성	6	882	보관하다	3
853	변동하다	4	883	보급	3
854	변별	5	884	보급되다	3
855	변별되다	5	885	보급하다	3
856	변별력	6	886	보수	4
857	변별성	4	887	보수성	5
858	변별하다	4	888	보수적	3
859	변수	5	889	보완	4
860	변인	5	890	보완되다	5

순서	단어	난이도	순서	단어	난이도
891	보완하다	4	921	복합적	4
892	보유	4	922	복합체	5
893	보유되다	4	923	본격	4
894	보유하다	3	924	본격적	3
895	보장	4	925	본격화	5
896	보장되다	4	926	본격화되다	5
897	보장하다	4	927	본격화하다	5
898	보조	3	928	본론	4
899	보조적	4	929	본문	3
900	보조화	6	930	본질	4
901	보존	2	931	본질적	5
902	보존되다	3	932	봉착	5
903	보존하다	2	933	봉착되다	6
904	보충	4	934	봉착하다	5
905	보충되다	4	935	부가	4
906	보충적	4	936	부가되다	5
907	보충하다	3	937	부가적	5
908	보편	4	938	부가하다	5
909	보편성	4	939	부각	5
910	보편적	3	940	부각되다	4
911	보편화	4	941	부각하다	5
912	보편화되다	4	942	부록	4
913	보편화하다	5	943	부분	1
914	보호	2	944	부분적	2
915	보호되다	3	945	부속	5
916	보호하다	2	946	부속되다	4
917	복잡	2	947	부수	5
918	복잡성	5	948	부수적	4
919	복잡하다	2	949	부여	2
920	복합	4	950	부여되다	3

순서	단어	난이도	순서	단어	난이도
951	부여하다	3	981	분명	2
952	부응	5	982	분명하다	2
953	부응하다	5	983	분별	4
954	부인	4	984	분별력	4
955	부인되다	4	985	분별하다	3
956	부인하다	3	986	분산	4
957	부작용	3	987	분산되다	5
958	부채	3	988	분산하다	5
959	부재하다	4	989	분석	4
960	부정	2	990	분석되다	3
961	부정되다	3	991	분석력	5
962	부정성	6	992	분석적	3
963	부정적	2	993	분석하다	4
964	부정하다	3	994	분야	2
965	부조화	5	995	분포	3
966	부조화하다	6	996	분할되다	5
967	부족	2	997	분할하다	4
968	부족하다	1	998	분화	4
969	부주의	3	999	분화되다	4
970	부주의하다	4	1000	분화하다	5
971	부합	6	1001	불가능성	5
972	부합되다	4	1002	불가능하다	3
973	부합하다	4	1003	불가피	4
974	부호	2	1004	불가피성	5
975	분류	2	1005	불가피하다	4
976	분류되다	3	1006	불과하다	3
977	분류하다	3	1007	불규칙	3
978	분리	3	1008	불규칙성	6
979	분리되다	4	1009	불규칙하다	2
980	분리하다	4	1010	불균형	4

순서	단어	난이도	순서	단어	난이도
1011	불균형적	5	1041	비판하다	4
1012	불명확	4	1042	비합리성	5
1013	불명확성	4	1043	비합리적	5
1014	불명확하다	4	1044	빈도	4
1015	불변	4	1045	빈번	4
1016	불변성	5	1046	빈번하다	4
1017	불변하다	3	1047	사고	3
1018	불일치	4	1048	사고력	4
1019	불일치하다	5	1049	사고하다	4
1020	불충분하다	5	1050	사례	4
1021	불특정	5	1051	사료	6
1022	불합리성	5	1052	사료되다	5
1023	불합리적	4	1053	사료하다	6
1024	비공개	5	1054	사물	2
1025	비공개적	4	1055	사상	4
1026	비과학적	4	1056	사상성	4
1027	비교	2	1057	사상적	3
1028	비교되다	2	1058	사실	1
1029	비교적	3	1059	사실상	3
1030	비교하다	2	1060	사안	5
1031	비논리적	5	1061	사적	4
1032	비례	3	1062	사전	4
1033	비례적	4	1063	사정	5
1034	비례하다	3	1064	사태	3
1035	비약	4	1065	사항	2
1036	비약적	4	1066	사회	2
1037	비율	3	1067	사회성	4
1038	비판	2	1068	사회적	2
1039	비판되다	3	1069	사후	5
1040	비판적	3	1070	삭제	4

순서	단어	난이도	순서	단어	난이도
1071	삭제되다	5	1101	상상적	3
1072	삭제하다	5	1102	상상하다	2
1073	산출	6	1103	상세	3
1074	산출되다	4	1104	상세하다	3
1075	산출하다	4	1105	상술	6
1076	삼차	5	1106	상술하다	5
1077	삼차원	4	1107	상승	4
1078	삽입	5	1108	상승되다	5
1079	삽입되다	5	1109	상승하다	4
1080	삽입하다	5	1110	상실	4
1081	상관	2	1111	상실되다	5
1082	상관성	4	1112	상실하다	4
1083	상관없다	2	1113	상위	4
1084	상관있다	3	1114	상응	5
1085	상관적	3	1115	상응되다	6
1086	상기	5	1116	상응하다	5
1087	상기되다	3	1117	상이	5
1088	상기하다	4	1118	상이하다	5
1089	상당	3	1119	상정되다	5
1090	상당수	4	1120	상정하다	5
1091	상당하다	4	1121	상징	2
1092	상대	3	1122	상징되다	3
1093	상대성	4	1123	상징성	5
1094	상대적	3	1124	상징적	3
1095	상반	5	1125	상징하다	4
1096	상반되다	4	1126	상징화	5
1097	상부	4	1127	상징화되다	6
1098	상상	2	1128	상징화하다	5
1099	상상되다	3	1129	상충	5
1100	상상력	3	1130	상충되다	4

순서	단어	난이도	순서	단어	난이도
1131	상충하다	5	1161	선행되다	5
1132	상통	6	1162	선행하다	5
1133	상통되다	5	1163	선호	4
1134	상통하다	5	1164	선호하다	4
1135	상호	3	1165	설계	3
1136	상황	4	1166	설계되다	4
1137	생략	2	1167	설계하다	3
1138	생략되다	3	1168	설득	2
1139	생략하다	2	1169	설득되다	3
1140	생산	2	1170	설득력	2
1141	생산되다	2	1171	설득하다	2
1142	생산성	4	1172	설명	2
1143	생산적	2	1173	설명되다	2
1144	생산하다	2	1174	설명적	2
1145	생성	4	1175	설명하다	2
1146	생성되다	5	1176	설문	3
1147	생성하다	5	1177	설정	4
1148	서론	4	1178	설정되다	4
1149	서술	4	1179	설정하다	4
1150	서술되다	4	1180	설치	3
1151	서술성	5	1181	설치되다	3
1152	서술하다	4	1182	설치하다	2
1153	선정	3	1183	성격	1
1154	선정되다	3	1184	성격적	2
1155	선정하다	2	1185	성공	2
1156	선택	2	1186	성공적	3
1157	선택되다	3	1187	성공하다	2
1158	선택적	3	1188	성과	2
1159	선택하다	2	1189	성립	2
1160	선행	5	1190	성립되다	3

순서	단어	난이도	순서	단어	난이도
1191	성립하다	3	1221	소요하다	4
1192	성분	3	1222	소위	3
1193	성장	2	1223	소유	4
1194	성장되다	4	1224	소유되다	4
1195	성장하다	2	1225	소유하다	3
1196	성질	2	1226	소재	2
1197	성취	4	1227	소통	4
1198	성취되다	4	1228	속성	4
1199	성취하다	3	1229	수단	2
1200	성향	4	1230	수단화	6
1201	세기	3	1231	수동	5
1202	세부	2	1232	수동성	5
1203	세부적	3	1233	수렴	5
1204	세분	4	1234	수렴되다	5
1205	세분되다	5	1235	수렴하다	5
1206	세분하다	4	1236	수립	3
1207	세분화	4	1237	수립되다	4
1208	세분화되다	5	1238	수립하다	3
1209	세분화하다	5	1239	수반	4
1210	소개	1	1240	수반되다	4
1211	소개되다	2	1241	수반하다	5
1212	소개하다	2	1242	수용	4
1213	소극	4	1243	수용되다	4
1214	소극성	7	1244	수용적	5
1215	소극적	3	1245	수용하다	4
1216	소비	2	1246	수정	4
1217	소비되다	3	1247	수정하다	3
1218	소비하다	3	1248	수준	2
1219	소요	4	1249	수집하다	3
1220	소요되다	5	1250	수행	4

순서	단어	난이도	순서	단어	난이도
1251	수행되다	4	1281	신장	5
1252	수행하다	3	1282	신장되다	4
1253	숙고	4	1283	신장하다	5
1254	숙고하다	4	1284	실례	4
1255	순환	3	1285	실시	3
1256	시각	4	1286	실시되다	3
1257	시기	2	1287	실시하다	2
1258	시기적	3	1288	실용	4
1259	시대	3	1289	실용성	3
1260	시대상	5	1290	실용적	3
1261	시대적	3	1291	실재	4
1262	시도	3	1292	실재적	5
1263	시도되다	4	1293	실재하다	4
1264	시도하다	3	1294	실정	3
1265	시사적	5	1295	실제	3
1266	시사점	6	1296	실제로	2
1267	시사하다	4	1297	실증	5
1268	시작	1	1298	실증되다	5
1269	시작점	4	1299	실증성	5
1270	시점	4	1300	실증적	5
1271	시행	4	1301	실증하다	5
1272	시행되다	4	1302	실질	3
1273	시행하다	3	1303	실질적	3
1274	신뢰	4	1304	실천	2
1275	신뢰도	5	1305	실천되다	3
1276	신뢰성	4	1306	실천성	5
1277	신뢰하다	4	1307	실천적	3
1278	신속	3	1308	실천하다	3
1279	신속성	4	1309	실체	3
1280	신속하다	3	1310	실체화	5

순서	단어	난이도	순서	단어	난이도
1311	실태	4	1341	암묵	6
1312	실패	2	1342	암묵적	5
1313	실패하다	2	1343	암시	4
1314	실행	3	1344	암시되다	5
1315	실행되다	4	1345	암시성	6
1316	실행하다	3	1346	암시하다	4
1317	실험	2	1347	압축	4
1318	실험적	3	1348	압축되다	4
1319	실험하다	3	1349	압축성	7
1320	실현	3	1350	압축하다	4
1321	실현되다	3	1351	애매	4
1322	실현성	5	1352	애매성	5
1323	실현하다	3	1353	애매하다	3
1324	심각	2	1354	야기	5
1325	심각성	5	1355	야기되다	5
1326	심각하다	2	1356	야기하다	5
1327	심도	5	1357	약화	4
1328	심리	4	1358	약화되다	5
1329	심리적	3	1359	양극	4
1330	심층	5	1360	양극화	5
1331	심화	5	1361	양극화되다	5
1332	심화되다	4	1362	양극화하다	6
1333	심화하다	5	1363	양상	4
1334	안정	3	1364	양식	4
1335	안정되다	3	1365	양적	4
1336	안정성	5	1366	양태	5
1337	안정적	3	1367	억제	4
1338	안정화	5	1368	억제되다	4
1339	안정화되다	6	1369	억제하다	3
1340	안정화하다	5	1370	언급	4

순서	단어	난이도	순서	단어	난이도
1371	언급되다	5	1401	연속성	4
1372	언급하다	4	1402	연속적	3
1373	언어	2	1403	연속체	5
1374	엄밀	4	1404	연속하다	3
1375	엄밀성	5	1405	연쇄	4
1376	엄밀하다	4	1406	연쇄적	4
1377	여건	4	1407	연장	3
1378	여부	4	1408	연장되다	4
1379	여지	4	1409	연장하다	3
1380	역동적	5	1410	연합	3
1381	역사	2	1411	연합되다	4
1382	역사적	3	1412	연합하다	3
1383	역설	4	1413	열거	4
1384	역설적	4	1414	열거되다	4
1385	역설하다	3	1415	열거하다	4
1386	역점	5	1416	영역	3
1387	연결	2	1417	영향	3
1388	연결되다	2	1418	영향력	4
1389	연결하다	3	1419	예상	3
1390	연계	5	1420	예상되다	3
1391	연계되다	5	1421	예상하다	3
1392	연계성	5	1422	예시	4
1393	연계하다	5	1423	예시되다	5
1394	연관	4	1424	예시하다	4
1395	연관되다	3	1425	예외	2
1396	연관성	4	1426	예외적	3
1397	연구	2	1427	예측	4
1398	연구되다	2	1428	예측되다	5
1399	연구하다	2	1429	예측하다	4
1400	연속	3	1430	오류	3

순서	단어	난이도	순서	단어	난이도
1431	완결	4	1461	요청	3
1432	완결되다	4	1462	요청되다	3
1433	완결하다	4	1463	요청하다	4
1434	완료	4	1464	욕구	4
1435	완료되다	4	1465	용어	4
1436	완료하다	4	1466	용이	3
1437	완벽	3	1467	용이하다	3
1438	완벽성	5	1468	우려	3
1439	완벽하다	2	1469	우려되다	4
1440	완성	2	1470	우려하다	4
1441	완성되다	2	1471	우선시	6
1442	완성하다	2	1472	우선시하다	6
1443	완전	2	1473	우선적	2
1444	완전하다	2	1474	우선하다	2
1445	왜곡	4	1475	우세	4
1446	왜곡되다	4	1476	우세하다	3
1447	왜곡하다	5	1477	우수	4
1448	외부	3	1478	우수하다	3
1449	외부적	4	1479	운영	3
1450	외적	4	1480	운영되다	4
1451	요건	4	1481	운영하다	3
1452	요구	2	1482	운용	5
1453	요구되다	3	1483	운용되다	5
1454	요구하다	3	1484	운용하다	5
1455	요소	3	1485	원리	3
1456	요약	3	1486	원인	2
1457	요약되다	3	1487	원천	3
1458	요약하다	2	1488	원천적	4
1459	요인	4	1489	원칙	2
1460	요점	3	1490	원칙적	3

순서	단어	난이도	순서	단어	난이도
1491	원활	5	1521	유사	3
1492	원활하다	4	1522	유사성	4
1493	위계	5	1523	유사점	4
1494	위대	2	1524	유사하다	3
1495	위대하다	2	1525	유용	4
1496	위상	5	1526	유용하다	3
1497	위치	2	1527	유의	4
1498	위치하다	3	1528	유의미	4
1499	유관	5	1529	유의미하다	4
1500	유관하다	5	1530	유의하다	4
1501	유기	5	1531	유일	4
1502	유기성	5	1532	유일하다	3
1503	유기적	5	1533	유지	3
1504	유도	4	1534	유지되다	3
1505	유도되다	5	1535	유지하다	2
1506	유도하다	4	1536	유추	4
1507	유동	5	1537	유추되다	5
1508	유동성	5	1538	유추하다	4
1509	유동적	4	1539	유한	5
1510	유래	3	1540	유한하다	4
1511	유래되다	4	1541	유형01	5
1512	유래하다	3	1542	유형02	3
1513	유리01	4	1543	유형물	5
1514	유리02	5	1544	유형성	7
1515	유리되다	5	1545	유효	4
1516	유리하다	3	1546	유효하다	4
1517	유무	4	1547	응용	4
1518	유발	4	1548	응용되다	4
1519	유발되다	5	1549	응용하다	3
1520	유발하다	4	1550	의거	5

순서	단어	난이도	순서	단어	난이도
1551	의거하다	5	1581	이론적	4
1552	의도	2	1582	이론화	5
1553	의도적	3	1583	이론화되다	6
1554	의도하다	3	1584	이론화하다	5
1555	의문	3	1585	이면	5
1556	의문점	3	1586	이상	4
1557	의미	1	1587	이상성	6
1558	의미하다	2	1588	이상화되다	4
1559	의사	2	1589	이상화하다	5
1560	의사소통	4	1590	이성	2
1561	의식	3	1591	이성적	3
1562	의식되다	2	1592	이외	3
1563	의식적	2	1593	이용	2
1564	의식하다	2	1594	이용되다	2
1565	의식화	5	1595	이용성	6
1566	의식화되다	5	1596	이용하다	2
1567	의식화하다	5	1597	이차	3
1568	의의	2	1598	이차원	4
1569	의존	3	1599	이차적	4
1570	의존되다	4	1600	이치	3
1571	의존성	4	1601	이해	2
1572	의존적	4	1602	이해되다	3
1573	의존하다	3	1603	이해하다	3
1574	의지	4	1604	이행되다	4
1575	의지하다	4	1605	이행하다	3
1576	이동	3	1606	인과	4
1577	이동되다	3	1607	인과적	5
1578	이동성	5	1608	인식	2
1579	이동하다	2	1609	인식되다	3
1580	이론	3	1610	인식하다	3

순서	단어	난이도	순서	단어	난이도
1611	인용	3	1641	일시	4
1612	인용되다	3	1642	일시적	3
1613	인용문	4	1643	일정	2
1614	인용하다	2	1644	일정하다	2
1615	인위	4	1645	일차	3
1616	인위적	3	1646	일차원	4
1617	인자	5	1647	일차적	4
1618	인접	4	1648	일치	3
1619	인접되다	5	1649	일치되다	3
1620	인정	3	1650	일치하다	3
1621	인정되다	3	1651	일환	4
1622	인정받다	3	1652	임의	5
1623	인정하다	3	1653	임의적	5
1624	인지	5	1654	입각	4
1625	인지되다	5	1655	입각하다	5
1626	인지하다	5	1656	입력	4
1627	인하다	4	1657	입력되다	4
1628	일관	4	1658	입력하다	4
1629	일관되다	4	1659	입증	4
1630	일관성	4	1660	입증되다	5
1631	일단	2	1661	입증하다	4
1632	일련	4	1662	입체	4
1633	일반	3	1663	입체적	3
1634	일반성	5	1664	자극	2
1635	일반적	2	1665	자극적	3
1636	일반화	5	1666	자극하다	4
1637	일반화되다	4	1667	자동	4
1638	일반화하다	4	1668	자동성	7
1639	일부	2	1669	자동적	5
1640	일부분	3	1670	자동화	4

순서	단어	난이도	순서	단어	난이도
1671	자동화되다	5	1701	잠재력	5
1672	자동화하다	5	1702	잠재성	6
1673	자료	2	1703	잠재적	4
1674	자립	3	1704	잠정	5
1675	자립성	4	1705	잠정적	4
1676	자립적	4	1706	장기	4
1677	자명	5	1707	장기간	4
1678	자명하다	5	1708	장려	3
1679	자발	4	1709	장려되다	4
1680	자발성	5	1710	장려하다	3
1681	자발적	3	1711	장면	2
1682	자연	1	1712	장애	2
1683	자연성	5	1713	장점	3
1684	자연적	2	1714	재구성	5
1685	자율	4	1715	재구성되다	4
1686	자율성	4	1716	재구성하다	5
1687	자율적	4	1717	재료	2
1688	자율화	4	1718	재분류	5
1689	자율화되다	4	1719	재분류되다	5
1690	자율화하다	4	1720	재분류하다	6
1691	자체	3	1721	재출발	4
1692	자체적	4	1722	재출발하다	3
1693	작성	3	1723	재확인	3
1694	작성되다	4	1724	재확인되다	4
1695	작성하다	3	1725	재확인하다	4
1696	작용	3	1726	저하	5
1697	작용되다	4	1727	저하되다	4
1698	작용점	6	1728	적극	3
1699	작용하다	3	1729	적극성	5
1700	잠재	5	1730	적극적	3

순서	단어	난이도
1731	적용	4
1732	적용되다	3
1733	적용하다	3
1734	적응	3
1735	적응되다	3
1736	적응하다	3
1737	적절	3
1738	적절하다	3
1739	적정	5
1740	적정하다	5
1741	적합	4
1742	적합성	5
1743	적합하다	3
1744	전개	2
1745	전개되다	2
1746	전개하다	3
1747	전달	2
1748	전달되다	3
1749	전달하다	3
1750	전략	2
1751	전략적	3
1752	전망	4
1753	전망되다	4
1754	전면	4
1755	전면적	3
1756	전문	2
1757	전문성	3
1758	전문적	3
1759	전문화	4
1760	전문화되다	5
1761	전문화하다	4
1762	전반	4
1763	전반적	3
1764	전술	5
1765	전술되다	6
1766	전술하다	5
1767	전이	5
1768	전이되다	5
1769	전이하다	5
1770	전자	4
1771	전제	4
1772	전제되다	5
1773	전제하다	5
1774	전체	2
1775	전체성	5
1776	전체적	2
1777	전파	3
1778	전형	4
1779	전형성	5
1780	전형적	3
1781	전형화	7
1782	전형화되다	7
1783	전형화하다	7
1784	전환	4
1785	전환되다	5
1786	전환하다	4
1787	절대	2
1788	절대성	5
1789	절대적	3
1790	절실	3

순서	단어	난이도	순서	단어	난이도
1791	절실하다	3	1821	정밀	3
1792	절차	3	1822	정밀성	5
1793	점검	4	1823	정밀하다	3
1794	점검되다	5	1824	정보	2
1795	점검하다	4	1825	정보화	4
1796	점진	6	1826	정보화되다	4
1797	점진적	4	1827	정보화하다	4
1798	점차	3	1828	정상	2
1799	접근	4	1829	정상적	3
1800	접근되다	4	1830	정서	2
1801	접근하다	3	1831	정연	4
1802	접촉	3	1832	정의	4
1803	접촉되다	4	1833	정의되다	5
1804	접촉점	6	1834	정의하다	4
1805	접촉하다	4	1835	정적	5
1806	정교	4	1836	정점	4
1807	정교하다	4	1837	정지	3
1808	정기	3	1838	정지되다	3
1809	정기적	3	1839	정지하다	3
1810	정당	3	1840	정확	2
1811	정당하다	3	1841	정확성	3
1812	정당화	4	1842	정확하다	3
1813	정당화되다	4	1843	제각각	3
1814	정당화하다	3	1844	제거	4
1815	정리	2	1845	제거되다	3
1816	정리되다	3	1846	제거하다	3
1817	정리하다	2	1847	제공	3
1818	정립	4	1848	제공되다	3
1819	정립되다	5	1849	제공하다	2
1820	정립하다	4	1850	제기	4

순서	단어	난이도	순서	단어	난이도
1851	제기되다	4	1881	조사되다	2
1852	제기하다	4	1882	조사하다	3
1853	제도	4	1883	조성	4
1854	제도적	4	1884	조성되다	4
1855	제도화	5	1885	조성하다	4
1856	제도화되다	5	1886	조작	4
1857	제반	5	1887	조작되다	4
1858	제시	3	1888	조작적	6
1859	제시되다	3	1889	조작하다	4
1860	제시하다	2	1890	조장	5
1861	제안	3	1891	조절	3
1862	제안되다	4	1892	조절되다	4
1863	제안하다	3	1893	조절하다	3
1864	제언	5	1894	조정	3
1865	제외	4	1895	조정되다	4
1866	제외되다	4	1896	조종	3
1867	제외하다	3	1897	조종되다	4
1868	제출	2	1898	조종하다	3
1869	제출되다	3	1899	조직	3
1870	제출하다	3	1900	조직되다	3
1871	제한	2	1901	조직적	3
1872	제한되다	3	1902	조직하다	3
1873	제한적	3	1903	조직화	4
1874	제한하다	3	1904	조직화되다	5
1875	조건	3	1905	조직화하다	4
1876	조건적	4	1906	조치	4
1877	조망	5	1907	조치하다	4
1878	조망하다	5	1908	조합	4
1879	조명하다	3	1909	조합되다	4
1880	조사	4	1910	조합하다	3

순서	단어	난이도	순서	단어	난이도
1911	조화	3	1941	주의하다	3
1912	조화되다	3	1942	주장	2
1913	조화하다	4	1943	주장되다	2
1914	존재	3	1944	주장하다	3
1915	존재성	5	1945	주제	3
1916	존재하다	2	1946	주지	4
1917	종류	2	1947	주지하다	5
1918	종류별	3	1948	주체	3
1919	종속	4	1949	주체성	3
1920	종속되다	5	1950	주체적	3
1921	종속적	4	1951	준거	5
1922	종속하다	5	1952	준비	1
1923	종합	3	1953	준비되다	2
1924	종합되다	3	1954	준비하다	1
1925	종합적	3	1955	준수	4
1926	종합하다	3	1956	준수되다	5
1927	주관	4	1957	중대	3
1928	주관성	4	1958	중대하다	3
1929	주관적	3	1959	중략	4
1930	주되다	3	1960	중복	4
1931	주목	3	1961	중복되다	4
1932	주목하다	3	1962	중시	4
1933	주변	2	1963	중시되다	4
1934	주성분	3	1964	중시하다	3
1935	주안	5	1965	중심	1
1936	주안점	5	1966	중심부	3
1937	주요	2	1967	중심적	2
1938	주요하다	3	1968	중요	2
1939	주의	3	1969	중요성	2
1940	주의력	3	1970	중요시	5

순서	단어	난이도	순서	단어	난이도
1971	중요시되다	4	2001	지시하다	3
1972	중요시하다	4	2002	지원	4
1973	중요하다	1	2003	지적	4
1974	중점	4	2004	지적되다	4
1975	즉각	4	2005	지적하다	3
1976	즉각적	5	2006	지점	2
1977	증가	3	2007	지정	3
1978	증가되다	3	2008	지정되다	3
1979	증가하다	2	2009	지정하다	3
1980	증거	3	2010	지지	4
1981	증대	4	2011	지지하다	3
1982	증대되다	5	2012	지칭	4
1983	증대하다	4	2013	지칭되다	5
1984	증명	3	2014	지칭하다	4
1985	증명되다	4	2015	지표	4
1986	증명하다	3	2016	지향	5
1987	증진	3	2017	지향점	5
1988	증진되다	4	2018	지향하다	4
1989	증진하다	3	2019	직결	4
1990	지각	3	2020	직결되다	4
1991	지각되다	4	2021	직면	4
1992	지력	5	2022	직면하다	4
1993	지성	3	2023	직시	5
1994	지속	4	2024	직시하다	4
1995	지속되다	3	2025	직접	2
1996	지속성	5	2026	직접성	5
1997	지속적	3	2027	직접적	3
1998	지속하다	3	2028	직후	2
1999	지시	2	2029	진단	4
2000	지시되다	3	2030	진단되다	4

순서	단어	난이도	순서	단어	난이도
2031	진단하다	4	2061	차별화하다	6
2032	진보	3	2062	차원	4
2033	진보되다	4	2063	차이	2
2034	진보성	5	2064	차이점	2
2035	진보적	4	2065	착수	4
2036	진보하다	3	2066	착수되다	4
2037	진술	4	2067	착수하다	3
2038	진술되다	5	2068	참고	2
2039	진술하다	4	2069	참고되다	3
2040	진전	4	2070	참고하다	3
2041	진전되다	4	2071	참여	4
2042	진전하다	4	2072	참여하다	3
2043	진행	2	2073	참조	3
2044	진행되다	3	2074	참조하다	4
2045	진행하다	3	2075	창의	3
2046	질서	2	2076	창의성	3
2047	질적	3	2077	창의적	3
2048	집중	2	2078	창조	2
2049	집중되다	3	2079	창조되다	3
2050	집중력	4	2080	창조력	4
2051	집중적	3	2081	창조성	4
2052	집중하다	3	2082	창조적	3
2053	집중화	5	2083	창조하다	3
2054	집중화되다	5	2084	창출	5
2055	집중화하다	6	2085	창출되다	5
2056	차별	2	2086	창출하다	5
2057	차별되다	3	2087	채택	4
2058	차별하다	3	2088	채택되다	3
2059	차별화	5	2089	채택하다	3
2060	차별화되다	6	2090	처리	2

순서	단어	난이도	순서	단어	난이도
2091	처리되다	3	2121	총괄하다	4
2092	처리하다	2	2122	총체	5
2093	처치	5	2123	종합	5
2094	처치되다	4	2124	최고	2
2095	처치하다	4	2125	최근	2
2096	척도	3	2126	최대	3
2097	철저	4	2127	최대한	3
2098	철저하다	3	2128	최소	4
2099	체계	4	2129	최소한	3
2100	체계성	5	2130	최종	3
2101	체계적	3	2131	최종적	3
2102	체계화	5	2132	최초	3
2103	체계화되다	5	2133	추가	4
2104	체계화하다	5	2134	추가되다	4
2105	체재	3	2135	추가하다	3
2106	체제	4	2136	추구	5
2107	초과	3	2137	추구하다	4
2108	초과되다	4	2138	추론	4
2109	초과하다	3	2139	추론적	5
2110	초기	3	2140	추론하다	4
2111	초래	4	2141	추리	3
2112	초래되다	4	2142	추리되다	4
2113	초래하다	4	2143	추리하다	4
2114	초록	4	2144	추상	4
2115	초점	3	2145	추상적	3
2116	촉진	4	2146	추상화되다	5
2117	촉진되다	5	2147	추상화하다	5
2118	촉진하다	5	2148	추세	4
2119	총괄	4	2149	추적	4
2120	총괄되다	5	2150	추적하다	4

순서	단어	난이도	순서	단어	난이도
2151	추정	4	2181	충족하다	5
2152	추정되다	5	2182	취급	2
2153	추정하다	4	2183	취급되다	3
2154	추진	3	2184	취급하다	3
2155	추진되다	3	2185	취지	4
2156	추진하다	2	2186	취하다	3
2157	추출	5	2187	측면	4
2158	추출되다	5	2188	측정	3
2159	추출하다	5	2189	측정되다	4
2160	추측	4	2190	측정하다	3
2161	추측되다	4	2191	층위	5
2162	추측하다	3	2192	치밀	3
2163	축소	3	2193	치밀하다	3
2164	축소되다	3	2194	치열	4
2165	축소하다	3	2195	치열하다	3
2166	축적	4	2196	친환경적	4
2167	축적되다	4	2197	타당	3
2168	축적하다	5	2198	타당성	4
2169	출발	1	2199	타당하다	3
2170	출발되다	4	2200	탁월	4
2171	출발점	3	2201	탁월하다	4
2172	출발하다	1	2202	탈피	4
2173	출연하다	3	2203	탈피되다	4
2174	출처	4	2204	탈피하다	4
2175	출현	4	2205	탐구	3
2176	출현되다	5	2206	탐구되다	4
2177	충분	2	2207	탐구력	4
2178	충분하다	2	2208	탐구심	2
2179	충족	4	2209	탐구하다	3
2180	충족되다	5	2210	탐색	3

순서	단어	난이도	순서	단어	난이도
2211	탐색하다	3	2241	특정	4
2212	토대	4	2242	특질	4
2213	통계	3	2243	특징	2
2214	통과	3	2244	특징적	3
2215	통과되다	4	2245	파생	4
2216	통과하다	3	2246	파생되다	4
2217	통로	3	2247	파생적	5
2218	통일	3	2248	파생하다	4
2219	통일되다	3	2249	파악	3
2220	통일성	4	2250	파악되다	3
2221	통일체	5	2251	파악하다	2
2222	통일하다	3	2252	판단	2
2223	통제	3	2253	판단되다	3
2224	통제되다	3	2254	판단력	3
2225	통제력	5	2255	판단하다	2
2226	통제하다	3	2256	평가	2
2227	통찰	5	2257	평가되다	3
2228	통찰력	4	2258	평가하다	3
2229	통찰하다	4	2259	평균	2
2230	통합	4	2260	평균적	4
2231	통합되다	4	2261	포괄	5
2232	통합성	5	2262	포괄되다	5
2233	통합적	4	2263	포괄적	5
2234	통합하다	3	2264	포괄하다	4
2235	특성	2	2265	포함	3
2236	특수	4	2266	포함되다	3
2237	특수하다	4	2267	포함하다	3
2238	특이	4	2268	표기	4
2239	특이점	5	2269	표기되다	4
2240	특이하다	2	2270	표기하다	4

순서	단어	난이도	순서	단어	난이도
2271	표면	3	2301	한계점	6
2272	표면화	5	2302	한정	4
2273	표시	4	2303	한정되다	3
2274	표시되다	3	2304	한정하다	3
2275	표시하다	2	2305	함의	5
2276	표준	2	2306	합계	3
2277	표준성	7	2307	합리	4
2278	표준적	3	2308	합리성	5
2279	표준화	4	2309	합리적	3
2280	표현	1	2310	합리화	4
2281	표현되다	2	2311	합리화되다	5
2282	표현적	4	2312	합리화하다	4
2283	표현하다	2	2313	합성	2
2284	풍부	3	2314	합성되다	3
2285	풍부하다	3	2315	합성하다	3
2286	필수	4	2316	합의	4
2287	필수적	3	2317	합의되다	5
2288	필연	4	2318	합의하다	4
2289	필연적	3	2319	항목	3
2290	필요	1	2320	해결	2
2291	필요성	3	2321	해결되다	3
2292	필요하다	1	2322	해결책	4
2293	하부	4	2323	해결하다	2
2294	하위	4	2324	해답	3
2295	학문	2	2325	해당	3
2296	학문적	2	2326	해당되다	3
2297	학설	4	2327	해당하다	2
2298	학술	3	2328	해석되다	4
2299	한계	2	2329	해소	4
2300	한계성	5	2330	해소되다	4

순서	단어	난이도	순서	단어	난이도
2331	해소하다	4	2361	형상성	7
2332	핵심	2	2362	형상화	4
2333	핵심적	3	2363	형상화되다	5
2334	행하다	2	2364	형상화하다	5
2335	향상	3	2365	형성	3
2336	향상되다	3	2366	형성되다	4
2337	향상하다	4	2367	형성하다	4
2338	허용	3	2368	형식	2
2339	허용되다	3	2369	형식적	3
2340	허용하다	3	2370	형식화	5
2341	현대	3	2371	형식화되다	5
2342	현대성	5	2372	형식화하다	5
2343	현대적	3	2373	형태	3
2344	현대화	4	2374	혼란	2
2345	현대화되다	4	2375	혼란스럽다	3
2346	현대화하다	5	2376	혼합	3
2347	현상	4	2377	혼합되다	3
2348	현실	2	2378	혼합하다	4
2349	현실성	4	2379	확고	4
2350	현실적	2	2380	확고하다	4
2351	현실화	5	2381	확대	3
2352	현실화되다	5	2382	확대되다	3
2353	현실화하다	4	2383	확대하다	3
2354	현장	4	2384	확률	4
2355	현저	4	2385	확립	4
2356	현저하다	4	2386	확립되다	4
2357	현황	4	2387	확립하다	4
2358	협력	2	2388	확보	4
2359	협력하다	3	2389	확보되다	5
2360	형상	4	2390	확보하다	4

순서	단어	난이도
2391	확산	4
2392	확산되다	5
2393	확산하다	4
2394	확실	2
2395	확실하다	2
2396	확인	3
2397	확인되다	3
2398	확인하다	2
2399	확장	3
2400	확장되다	3
2401	확장하다	3
2402	확정	4
2403	확정되다	3
2404	확정하다	4
2405	확충	5
2406	확충되다	5
2407	확충하다	5
2408	환경	2
2409	환경적	2
2410	활동	1
2411	활동성	5
2412	활동적	2
2413	활동하다	2
2414	활발	2
2415	활발하다	2
2416	활성화	5
2417	활성화되다	5
2418	활성화하다	5
2419	활용	3
2420	활용되다	3
2421	활용하다	3
2422	회복	2
2423	회복되다	3
2424	회복하다	3
2425	획기적	3
2426	획득	3
2427	획득되다	4
2428	획득하다	3
2429	효과	2
2430	효과적	2
2431	효용	4
2432	효율	4
2433	효율성	5
2434	효율적	3
2435	후반	4
2436	후자	4
2437	흡수	2
2438	흡수되다	3
2439	흡수성	6
2440	흡수하다	3

| 참고문헌 |

도서

- 《1등은 당신처럼 공부하지 않았다》, 김도윤, 쌤앤파커스, 2018
- 《글 읽는 뇌》, 스타니슬라스 드앤, 학지사, 2017
- 《다시, 책으로》, 매리언 울프, 어크로스, 2019
- 《유튜브는 책을 집어삼킬 것인가》, 김성우·엄기호, 따비, 2020
- 《책 읽는 뇌》, 매리언 울프, 살림, 2009
- 《학교 속의 문맹자들》, 엄훈, 우리교육, 2012

논문

- 김태용·박선주(2014), 초등학생의 스마트폰 사용 실태가 독서 실태 및 자기조절 읽기에 미치는 영향, 정보교육학회
- 김혜정·허모아(2021), 청소년기 독서 수행 및 인식에 관한 실태 조사, 한국독서학회
- 신명선(2004), 국어 사고도구어 교육 연구, 서울대학교 대학원
- 신명선·신희성(2021), 능숙한 독자와 미숙한 독자의 읽기 방식 차이 : 어휘의 난이도와 적절성을 중심으로, 한국독서학회
- 엄훈(2017), 초기 문해력 교육의 현황과 과제, 한국초등국어교육학회
- 엄훈(2019), 아동기 문해력 발달 격차에 대한 문제해결적 접근, 한국독서학회
- 오주현·박용완(2019), 영유아의 스마트 미디어 사용 실태 및 부모 인식 분석, 육아정책연구소
- 이순영(2019), 청소년 독자·비독자 조사 연구, 한국출판문화산업진흥원
- 채창균·신동준(2015), 독서·신문읽기와 학업성취도 그리고 취업, 한국직업능력개발원

• 최나야·최지수·노보람·오태성(2021), 그림책을 활용한 부모-자녀 말놀이 프로그램이 책 읽기 상호작용, 만 4세 유아의 이야기 이해와 음운론적 인식에 미치는 효과, 인지발달중재학회

기관·기업 자료

• 2019년 스마트폰 과의존 실태조사 결과, 과학기술정보통신부·한국정보화진흥원, 2020
• 2021 인터넷 이용자 조사, 나스미디어, 2021
• OECD 국제학업성취도평가 연구 : PISA 2018 결과 보고서, 한국교육과정평가원, 2019
• Z세대, 너를 알고 싶어! 2020 청소년 통계, 통계청·여성가족부, 2021
• 각국의 문해력 증진 전략, 해외교육동향 제374호, 교육정책네트워크, 2020
• 국민의 기초 문해력 조사, 국립국어원, 2008
• 애플리케이션 카테고리별 월별 모바일 트래픽 조사 결과, 에릭슨엘지, 2020
• 코로나19 전후 청소년의 미디어 이용행태 비교, 정보통신정책연구원, 2021
• 한국인의 역량, 학습과 일 : 국제성인역량조사(PIAAC) 보고서, 한국직업능력개발원, 2013

해외 자료

• 21st-Century Readers ; developing literacy skills in a digital world, OECD
• Summary of Cost-Benefit Report ; Chicago Child-Parent Center Program Executive Summary, Arthur Reynolds, 2001
• Home Reading Environment and Brain Activation in Preschool Children Listening to Stories, Pediatrics, 2015
• Learning to read alters cortico-subcortical cross-talk in the visual system of illiterates, Science Advances, 2017
• Learning to Read and Write : Developmentally Appropriate Practices for Young Children, NAEYC, 1998
• OECD Skills Outlook 2013 : First Results from the Survey of Adult Skills, OECD
• PIRLS 2016 International Results in Reading, IEA

| EBS <당신의 문해력>에 함께하신 분들 |

한양대학교 조병영 김세영

한양대학교 뉴리터러시학습연구실 김서율

인하대학교 신명선

고려대학교 신희성 노하늘

(주)낱말 김기형

한국교원대학교 박영민

한국교원대학교 국어교육과 백유진 이은정 이지회 이현준 최영미

청주교육대학교 엄훈

청주교육대학교 문해력지원센터 김은희 백지아 정경 진영준

서울대학교 최나야

덕성여자대학교 노보람

서울대학교 아동가족학과 아동언어·인지연구실 최지수 오태성

조선대학교 고언숙

경북대학교 김혜정

전라남도 교육청 홍윤미

오산중학교 김연이

중동중학교 윤윤

김민준 김별 김연후 김유빈 김정규 박아론 배재현 신연욱 유지환

이서준 이윤성 정의찬 장우진 최지훈 황유찬

그리고

송아람 이지흔 황별이 고해진 김유진 이한비

강현아 박은상 박혜순 김용 변종석

임좌빈 윤기성 정길형 오이슬 김범수 김훈석

EBS 당신의 문해력

1판 1쇄 발행 2021년 8월 20일
1판 18쇄 발행 2023년 1월 12일

기　획 EBS 〈당신의 문해력〉 제작팀
지은이 김윤정

펴낸이 김유열
지식콘텐츠센터장 이주희 | 지식출판부장 박혜숙
지식출판부 · 기획 장효순, 최재진 | 마케팅 이정호, 최은영 | 제작 윤석원 | 북매니저 박성근
책임편집 김현경 | 디자인 co*kkiri | 제작 우진코니티

펴낸곳 한국교육방송공사(EBS)
출판신고 2001년 1월 8일 제2017-000193호
주소 경기도 고양시 일산동구 한류월드로 281
대표전화 1588-1580 홈페이지 www.ebs.co.kr
전자우편 ebsbooks@ebs.co.kr

ISBN 978-89-547-5933-5 (03370)